偏差値 5 アップ

英語 60

55

目次

	✏ 問題	◎ 解答・解説	📖 文法のまとめ

はじめに ～この問題集のねらい

　本書は，各種模試などで得点を少しでも上げたい人，行きたい高校の偏差値に
あと一歩で届かないと諦めかけている人に向けた，いつもの偏差値を"5"アップ
させることを目標とし，近年の入試問題から厳選した長文＋リスニングからなる
実戦演習形式の問題集です。

　全問に詳しい解説と全訳を掲載しています。英文を何となく読んで何となく正解
できた問題も，英文と全訳を照らし合わせて復習し，解説もよく読んでみてくださ
い。また，各章の解答・解説ページに中学で学習する 📖文法のまとめを収録し
ています。本書の目次を参照して，苦手な単元，自信がない単元の 📖文法のま
とめから確認していくのもよいでしょう。

CHAPTER 01 会話文／メール・チャット

　従来のいわゆる対面式の会話文だけではなく，最近はメールやチャット形式の新し
い会話文の出題が，特に中堅レベルの高校入試で増えています。

　メールの読解は，複数のやり取りを通じて物事の推移を読み取ることがポイント。
チャットの読解は会話文の読解と同じ要領でよいでしょう。

CHAPTER 02 資料読解

　中学の英語学習では情報を整理しながら考えをまとめ，英語で表現したり，伝え合っ
たりして，思考力・判断力・表現力を磨くことを目標の一つとしており，思考力や判
断力の高さをはかる問題として資料読解の出題が目立つようになりました。

　広告・パンフレット・チラシやメニューなど，日常生活になじみがある問題から，
グラフや表の読み取りなど，英文を理解し考え判断する思考力が求められる問題まで，
いろいろな問題が工夫されています。資料読解＋英問英答という出題も珍しくありま
せん。偏差値が高い学校ほど，英語がわかるだけでは簡単に正解できない問題が出題
されます。資料読解という出題形式に慣れて得点アップにつなげましょう。

CHAPTER 03 長文読解

　長文読解のジャンルを大きく物語文と論説文に分けました。物語文といっても笑い話やおとぎ話, サスペンス, 小説など様々です。論説文も自然科学系や社会科学系など, いろいろな英文が出題されます。そのほか歴史・伝記, 紹介文やエッセイなど, 多種多様です。

　日本語訳を読んで興味がわくような内容もあれば, 日本語で読んでも難しいと感じる内容もあるかもしれません。文中にわからない単語が出てきてもこだわらず, 前後の文からだいたいの意味を推測し読み進めましょう。重要な部分に線を引いたり, 単語を○で囲んだりするのもポイント。解説と全訳を読んで, しっかり復習してください。

CHAPTER 04 英作文

　英作文はまさに表現力が求められます。中堅レベルから難関校まで, 英作文の出題は増加傾向です。○語程度, ○語以上○○語以内, △文以上, ○語で△文など, たいていは字数制限があります。内容もイラストの説明, 対話が完成するように空欄を埋めるもの, 自分の考えを述べるもの, ある意見に賛成か反対か, その理由を説明するものなど, 様々です。当たり前のことですが, 与えられたテーマに沿って日本語で考えてから英語の文章を作成することになります。苦手意識を持たずに, いろいろな英作文の問題に挑戦してみましょう。

CHAPTER 05 英問英答

　英問英答とは英語の質問に英語で答える問題のことです。つまり日本語が出てきません。そんな難しい問題は偏差値 70 以上の難関校だけじゃない？と思うかもしれませんが, 最近は中堅レベルの学校でもよく出題されています。あまり難しく考えずに, 英語の質問を頭の中で日本語に訳してから, 英語の選択肢を日本語に訳して選べばいいだけです。

CHAPTER 06 リスニング

　英語学習の目標の一つとして「聞くこと」「読むこと」「話すこと」及び「書くこと」の言語活動を通した, コミュニケーションを図るために必要な能力の育成があります。そのうち「聞く」力をつけるためのリスニング問題を練習してみましょう。

「偏差値5アップ」で力をつけたら、次は何をやったらいいですか？

そうだね。「実力判定テスト10」で、今の実力を試してみてはどうだろう？

実力を確認したら、志望校の過去問もやってみよう！

Check

『偏差値5アップ』の次は…

実力判定テスト10 にチャレンジ

NEXT

定価：各**1,100円**(税込)

英語以外の教科は…

『**偏差値60**』偏差値58〜63の高校を受験する方向け

国語 / 数学

『**偏差値65**』偏差値63〜68の高校を受験する方向け

理科 / 社会 / 国語 / 数学

レベルに合わせて しっかり演習！

① 会話文／メール・チャット

学習のポイント

● チャットや SNS のやり取りの読解は，時間の経過にも注目しよう
● 慣用表現の意味を文脈から判断する

Ben と Jack のメッセージを読み，質問に対する解答として最も適切なものを選び，番号で答えなさい。

問 1　Why did Ben send a message to Jack ?

① 　To have dinner together.

② 　To say sorry.

③ 　To decide a plan for tomorrow.

④ 　To find a new job.

（　　　）

問 2　At 20:34, what did Jack mean when he wrote," I don't mind." ?

① 　He didn't know any good restaurants.

② 　He thought any food was fine.

③ 　He didn't want to eat lunch together.

④ 　He wanted to decide a restaurant.

（　　　）

チャットや SNS は，日本語ではよく使っているけど……。

解き方は会話文とあまり変わらないけれど，時間の経過にも注意しよう。

② 会話文／メール・チャット

学習のポイント

● メール文は，誰から誰へあてたのか，Subject (件名) は何かもヒントになる
● 日本語で与えられた情報を英文として表現する

Emi は友達の Sachi からメールをもらい，映画に誘われました。Emi になったつもりで，次の情報を参考に 4 つの英文で Sachi にメールを書きなさい。時刻は英語で書くこと。

(1) 午前中に宿題

(2) 午後 3 時に駅の前で待ち合わせ

(3) 午後 3 時半から映画

(4) 映画の後で何か食べる

✉ ✏ 📎 🗑

From: Emi

To: Sachi

Date: July 30

Subject: Today's plan

Hi, Sachi

It's a nice plan to go to see the movie.

(1)　I'm sorry but _____ .

(2)　Can _____ at three in the afternoon ?

(3)　The movie _____ .

(4)　Let's _____ .

See you later.

Emi

(1) I'm sorry but _____ .

(2) Can _____ at three in the afternoon ?

(3) The movie _____ .

(4) Let's _____ .

I'm sorry but から始まる文は，何かを謝って
いるのかな。Emi さんは午前中は宿題をする
みたいだから……？

まずは 4 つの情報から状況を整理しよう。
次に下線部の前後に合わせて正しい英文を書
こう。

③ 会話文／メール・チャット

 学習のポイント

- 会話文とメール文の複合問題は，それぞれの関連に気をつけよう
- 会話とメールの内容から適切な英文を書く

次の会話文と E メールを読んで設問に答えなさい。

Carl: Hello, Mr. Mori. I've decided to *participate in a *farm stay program in Hyogo this summer.

Mr. Mori: That's wonderful, Carl ! How long are you going to stay there ?

Carl: For a week. I'm so excited because I haven't lived in a small village. (ア) But I'm *nervous, too. Could you give me some advice ?

Mr. Mori: Sure, but what are you worried about ? I'm from a small village in Okayama, and people are nice there. I'm *sure it's the same in Hyogo.

Carl: The *coordinator told me that life on a farm is very different from life in the city. I've heard I have to get up very early to work.

Mr. Mori: That's true. Are you worried about *oversleeping ?

Carl: I'm a little worried about it, but there is something more *disturbing for me. There are no convenience stores in the village. What should I do if I want to buy something ? There are only a few buses and trains, right ?

Mr. Mori: Don't worry. Your host family will help you if you have a problem. There are many good things about farm life. You should think about them. You can see some beautiful *scenery and a lot of stars in the night sky. What does your host family grow ?

Carl: They grow vegetables such as onions and cabbage.

Mr. Mori: If they grow vegetables, you will have delicious meals, too. My parents also grew onions. *Harvesting onions is fun.

Carl: Really ? They also grow beautiful flowers. I have some pictures of them. My host family sent them to me last week.

Mr. Mori: Oh, I love flowers. I'm sure you will enjoy seeing them.

Carl:　　　Well, I'm looking forward to enjoying some beautiful *nature and farm life. But do you think I can understand their *dialect, Kansai-ben ?

Mr. Mori :　If you don't understand it, just ask them. I'm sure you (イ)do the same thing every day as a foreign student in Japan.

Carl:　　　You're right, Mr. Mori. Now I understand I don't have to worry so much.

Mr. Mori:　You will be all right, and you will have a great experience this summer. Can you make a speech about it in my class after you *return, Carl ?

Carl:　　　Sure. Thank you, Mr. Mori.

【E メール】

Dear: Mr. Mori,

　How are you ? I arrived in Hyogo three days ago. My host family and the other people in the village are very kind to me. I'm very happy to be here. The food is great, and everything looks beautiful. I feel that life on a farm is very good for my health.

　I enjoy learning Kansai-ben. I sometimes can't understand what they say, so (ウ)＿＿＿＿＿. When I do that, they use different words. Talking with them is a lot of fun !

　Tomorrow, I will harvest onions. I'm looking forward to that very much.

See you soon,
Carl

（注）participate in～　～に参加する　　farm　農場　　nervous　不安な，心配して
sure～　～を確信して　　coordinator　調整役　　oversleep　寝坊する
disturbing　心配させる　　scenery　景色　　harvest～　～を収穫する
nature　自然　　dialect　方言　　return　戻る

問1　カールが下線部(ア)のように言ったのはなぜか，最も適切なものを１つ選び，番号で答えなさい。

①　都会での生活に適応できるか不安だから。

②　自分に農作業ができるのか不安だから。

③　都会といなかの生活の違いが心配だから。

④　ホストファミリーと仲良くなれるか心配だから。

（　　　　　）

問2　下線部(イ)は具体的にどういうことを指しているか。句読点を含む 30 字以内の日本語で答えなさい。ただし，文末は「こと。」で終え，それを含めて 30 字以内とする。

問3　下線部(ウ)に入れるべき適切な英文を文脈から考えて書きなさい。

_____

メールだけ読んでも，どんな内容を入れたらいいかわかりません……。

メールは会話が行われたあとに送られているようだから，会話の内容をふまえて考えてみよう。

① 会話文／メール・チャット

 解答

問1 ③ 問2 ②

 全訳

ベン　　　（16時50分）：やあ，ジャック，君は明日，まだ暇かい。

ジャック（20時20分）：やあ，ベン，最後のメッセージにすぐに返信しなくてごめん。ああ，
　　　　　　　　　　　　もちろん，僕らは何時に会おうか。

ベン　　　（20時26分）：いいよ。僕は午前中にいくらか仕事をする必要があるんだ。午後1時
　　　　　　　　　　　　に新宿で会って，一緒に昼食をとるのはどうだい。

ジャック（20時30分）：よさそうだね。君は何かよいレストランを知っているのかい。

ベン　　　（20時33分）：僕はいくつか知っているよ。イタリア料理かフランス料理はどうだい。
　　　　　　　　　　　　君はどんな種類の食べ物を食べたいんだい。

ジャック（20時34分）：そうだな……どちらでもよいよ。僕はえり好みしない。

ベン　　　（20時40分）：わかった。それじゃ，僕はイタリア料理のレストランを予約するよ。
　　　　　　　　　　　　本当においしいピザとワインがあるんだ。

ジャック（20時41分）：いいね。どうもありがとう。僕はそれを楽しみにしているよ。明日また。

 解説

問1 「ベンはなぜジャックにメッセージを送ったのか」

　①　「一緒に夕食をとるため」（×）

　②　「すみません，と謝るため」（×）

　③　「明日の予定を決めるため」（○）　ベンの20時26分のメッセージ参
　　照。一緒に昼食をとろうと誘っているのである。

　④　「新しい仕事を見つけるため」（×）

問2 「20時34分に，『どちらでもよいよ』と書いたとき，ジャックは何を言お
　うとしたのか」

　①　「彼はよいレストランを1つも知らなかった」（×）

② 「彼はどんな食べ物でも差し支えないと思った」（○）　ベンの20時33分のメッセージ参照。食べたいものを尋ねられたことに対する答えである。

③ 「彼は一緒に昼食をとりたくなかった」（×）

④ 「彼はレストランを決めたかった」（×）

 I don't mind. は「気にしない」って意味じゃないの？

 その意味もあるけれど，2つの選択肢を示されている会話の流れから「どちらでもよい」という訳がより適切だね。

時制

1 現在時制

現在の状態，日常的な動作，一般的な事実，不変の真理を表すときに用いる。

I often go shopping with my mother.「私はよく母と買い物に行く」

2 過去時制

過去の動作・状態・事実を表すときに用いる。

It rained a lot last month.「先月は雨がたくさん降った」

3 未来時制

予定されていること，そのときになれば起こること，意志を表すときに用いる。

He is going to leave Japan next Sunday.

「彼は今度の日曜に日本を離れる予定だ」

4 現在完了

現時点で完了している動作，現時点まで継続している状態，現在までに経験したことを表すときに用いる。

We have been friends with each other for ten years.

「私たちは 10 年来の友人だ」

※時制の一致

過去時制の文では，動詞のあとに続く名詞節（that ＋ S ＋ V ～）の時制も過去にする。

ただし，that 節の内容が「不変の真理」「日常の習慣」を表す場合は that 節内の動詞を現在形にする。また，that 節内が「歴史上の事実」を表す場合は常に過去形にする。

I told him that the earth is always moving.

「私は彼に地球は常に動いていると言った」［不変の真理］

（＝I said to him, "The earth is always moving."）

I told him that I always take a bath before supper.

「私は彼に，私はいつも夕食前に入浴すると言った」［日常の習慣］

(=I said to him, "I always take a bath before supper.")

My father told me that World War II ended in 1945.

「父は私に第二次世界大戦は 1945 年に終わったと教えてくれた」

［歴史上の事実］

(=My father said to me, "World War II ended in 1945.")

② 会話文／メール・チャット

解答

(1) （例）（I'm sorry but）I have to do my homework in the morning (.)

(2) （例）（Can）we meet in front of the station (at three in the afternoon ?)

(3) （例）（The movie）will start at three thirty (.)

(4) （例）（Let's）eat something after the movie (.)

全訳

差出人　：エミ
送信先　：サチ
日　付　：7月30日
件　名　：今日の計画

こんにちは，サチ

映画を見に行くのはよい計画ですね。

申し訳ないのだけれど，(1)午前中に宿題をしなければならないのです。

午後3時に (2)駅の前で会えますか。

映画は (3)3時30分に始まる予定です。

(4)映画の後で何か食べましょう。

では，のちほど。

エミ

解説

(1)　「宿題をする」do one's homework

(2)　「～の前で」in front of ～　「待ち合わせる」meet

(3)　「午後3時半から映画」＝「午後3時半に映画が始まる」という英文にする。

(4)　「何かを食べる」eat something

文型

1 第1文型 (S+V)

主語(S)と動詞(V)で文が成り立つ。

He can run fast.

「彼は速く走ることができる」

2 第2文型 (S+V+C)

主語の名称や状態を説明する補語(C)がある。

I was very busy yesterday.

「私は昨日とても忙しかった」

3 第3文型 (S+V+O)

動作の対象となる目的語(O)がくる。

Did you see him in the library ?

「あなたは図書館で彼に会いましたか」

4 第4文型 (S+V+O₁+O₂)

「(人)に」(O_1), 「(物事)を」(O_2)に当たる目的語がある。

Father gave me a nice bag.

「父は私にすてきなかばんをくれた」

5 第5文型 (S+V+O+C)

目的語の名称や状態を説明する補語がある。

My friends call me Kazu.

「私の友人たちは私をカズと呼ぶ」

この文型では call「~を…と呼ぶ」, name「~を…と名づける」, make「~を…にする」, keep「~を…(の状態)にしておく」などがよく用いられる。

③ 会話文／メール・チャット

 解答

問1　③

問2　相手の言ったことがわからないときに，相手にたずねること。（28字）

問3　（例）I ask them what that means

 全訳

カール　　：こんにちは，モリ先生。僕は今年の夏，兵庫県の農場滞在プログラムに参加することにしました。

モリ先生：それはすごいね，カール！　どれくらいそこに滞在しますか？

カール　　：一週間です。僕は小さな村に住んだことがないのでとても興奮しています。(ア)しかし，緊張もしています。アドバイスをいただけますか？

モリ先生：もちろん，でも何が気になりますか？　私は岡山の小さな村から来ましたが，人々はそこでは親切です。兵庫でも同じだと思います。

カール　　：コーディネーターは，農場での生活は都市での生活とは非常に異なると僕に言いました。仕事をするためにはとても早く起きなければならないと聞きました。

モリ先生：そうですね。寝坊が心配ですか？

カール　　：少し心配ですが，もっと気になることがあります。村にはコンビニはありません。何かを購入したい場合はどうすればよいですか？　バスや電車は少ないですよね？

モリ先生：心配しないで。問題が発生した場合は，ホストファミリーが手伝ってくれます。農場での生活にはよいことがたくさんあります。あなたはそれらについて考えるほうがよいです。美しい景色と夜空にはたくさんの星が見えます。あなたのホストファミリーは何を育てていますか？

カール　　：タマネギやキャベツなどの野菜を育てています。

モリ先生：野菜を育てていれば，美味しい食事もできます。私の両親もタマネギを育てました。タマネギの収穫は楽しいです。

カール　　：本当ですか？　彼らはまた美しい花を育てています。僕はそれらのいくつかの写真を持っています。僕のホストファミリーは先週それらを僕に送ってくれました。

モリ先生：ああ，私は花が大好きです。それを見てきっと楽しめると思いますよ。

カール　：そうですね，美しい自然と農場生活を楽しむのを楽しみにしています。しかし，僕は彼らの方言，関西弁を理解できると思いますか？

モリ先生：わからないときは聞いてみてください。あなたは日本での留学生として（イ）<u>同じこと</u><u>を毎日やっている</u>と思います。

カール　：そうですね，モリ先生。今，僕はそれほど心配する必要がないことがわかりました。

モリ先生：あなたは大丈夫ですよ，そしてあなたはこの夏素晴らしい経験をするでしょう。あなたが戻った後に私のクラスでそれについてスピーチをすることができますか，カール？

カール　：承知しました。モリ先生，ありがとうございました。

【E メール】

親愛なるモリ先生，

お元気ですか？　僕は 3 日前に兵庫に到着しました。僕のホストファミリーと村の他の人々は僕にとても親切です。ここに来ることができてとてもうれしいです。食べ物は素晴らしく，すべてが美しく見えます。農場での生活は健康にとてもよいと感じています。

関西弁を学ぶことを楽しんでいます。何を言っているのかわからないことがあるので，（ウ）<u>どういう意味か聞いてみます</u>。僕がそうすると，彼らは違う言葉を使ってくれます。彼らと話すのはとても楽しいです！

明日はタマネギを収穫します。とても楽しみにしています。

また近いうちにお会いしましょう，
カール

 解説

問 1　カールは心配していることとして，朝早く起きることや，買い物が不便であること，また，方言がわかるかということを挙げている。これらはいずれも③の内容に合う。①は「都会での生活」，②は「農作業ができるか」，④は「ホストファミリーと仲良くなれるか」が，誤り。

問 2　モリ先生はカールに，方言の意味がわからなかったら，たずねればいいと教えている。日本での留学生として「同じことをしている」というのは，外国人のカールが日本語を理解できないときにその意味をたずねることを

表していると読み取れる。

問3　方言がわからない時にはたずねると言っているので,「それが何を意味するのか彼らにたずねる」という意味の文を作ればよい。

品詞

1 名詞

文の主語，目的語，補語になる。

Ann bought a nice bag.「アンはすてきなかばんを買った」

2 代名詞

人称代名詞，指示代名詞，不定代名詞，再帰代名詞がある。

●人称代名詞…主格，所有格，目的格，所有代名詞がある。

I saw his mother yesterday.「私は昨日彼のお母さんに会った」

●指示代名詞…this, that など。

●不定代名詞…one, another, none, something など。

●再帰代名詞…「～自身」の意味。-self の形。

※注意すべき代名詞の区別

● one と that

いずれも前に出た名詞と同じ種類のものを指すが,that はあとに of ～ が続くことが多い。

My bike is newer than this one.

「私の自転車はこの自転車よりも新しい」

The climate of Tokyo is milder than that of Sapporo.

「東京の気候は札幌のそれよりも穏やかだ」

● another と other

another は最初に指したもの[人]以外のある1つ[1人]を指し,other は最初に指したもの[人]以外の残りを指す。

This shirt is too large. Show me another.

「このシャツは大きすぎます。ほかのを見せてください」

One of them is Ben, and the other is Bob.
「彼らのうちの1人はベンで, もう1人はボブだ」

3 **形容詞**

名詞を直接修飾する働き（修飾用法）と, 補語として名詞の状態などを説明する働き（叙述用法）がある。

He is a tall boy.「彼は背の高い少年だ」（修飾用法）

That boy is tall.「あの少年は背が高い」（叙述用法）

※形容詞を補語にとる動詞には be 動詞以外に次のような動詞がある。

become（～になる）, get（～になる）, look（～に見える）, sound（～に聞こえる）, keep（～のままである） など。

4 **副詞**

動詞, 形容詞, 他の副詞を修飾する働きをする。

Nancy and I sometimes go to the library together.

「ナンシーと私は時々一緒に図書館へ行く」

always（いつも）, often（しばしば）, sometimes（時々）, never（一度も～ない）など,「頻度」を表す副詞は原則として not と同じ位置（be 動詞・助動詞のあと, 一般動詞の前）に置かれる。

She often sings this song.「彼女はしばしばこの歌を歌う」

　　　→ often は頻度を表す副詞なので一般動詞の前に入る。

※副詞は主語, 目的語, 補語になることはなく, 必ず修飾語になる。

This is a very old building.「これはとても古い建物だ」

　　　→形容詞 old を修飾する。

Mike studies Japanese very hard.

「マイクは日本語をとても熱心に勉強する」

　　　→ hard は動詞 studies を, very は副詞 hard を修飾する。

① 資料読解

学習のポイント

● 広告やチラシは，本文だけでなく見出しなどの情報にも注目しよう
● 接続詞や関係代名詞がどことつながるかを意識する

次の広告について，<u>本文の内容と一致しないもの</u>を，ア～エから１つ選び，記号で答えなさい。

Big Water : Nine Boys in Summer

By Kate Lewis

Kapell Books Co.

Can get it in either e-book or print form

Big Water is the seventh book in the young athletes group of works written by this writer, who has a 17-year-old son, and it is translated into French, German, and Italian. *Big Water* tells the story of a swim team of nine boys from Central High School in Minneapolis. Although the boys are inexperienced, with practice they gain strength and confidence. Despite losing their first swim competitions, the following year the boys manage to win the U.S. high school swimming championship.

ア   It is written by a teenager.

イ   It is part of a series.

ウ   It is read in different languages.

エ   It is sold in both digital and paper form.

（   ）

② 資料読解

 学習のポイント

● 複数の情報が並ぶ広告では, 共通している項目にも注目しよう
● 各コースの情報を比較して答える

次のウェブサイトから読み取れる情報として適切でないものを, あとのア~クから3つ選び, 記号で答えなさい。

Visit the best places in the world ONLINE!!

Are you busy every day? You don't want to pay so much for your trip?
You can travel anytime anywhere if you contact us.
Each tour guide will show you their own special activities on your screen.

①Oliver - New Zealand

Day: Mon, Sat, Sun　**Time:** 3 hours　**Cost:** ¥1,000
Activity:
☆Taking a walk with sheep
☆Watching a *sheep shearing demonstration very close
　　　　　　　　　　　　　　*sheep shearing 羊毛刈り

②Alicia - Italy

Day: Mon, Wed, Fri　**Time:** 4 hours　**Cost:** ¥1,500
Activity:
☆Visiting the Vatican City
☆The chef of a two-star restaurant will tell you the secret
　recipe for his special Italian dish

③Li - Thailand

Day: Sat, Sun　**Time:** 3 hours　**Cost:** ¥900
Activity:
☆Visiting Buddhist temples
☆Walking along Khaosan Road, stopping at stalls and shops

④Alexandro - Peru

Day: Tue, Thu, Sat, Sun　**Time:** 5 hours　**Cost:** ¥1,600
Activity:
☆Climbing Machu Picchu Mountain
☆With another ¥1,500, we can send you our special souvenir,
　a knit cap made of alpaca wool

Click on each one's picture for more details

ア The tours on this page are good for busy people.

イ If you want to see animals, you should choose Oliver's tour.

ウ If you choose Alicia's tour, you can learn something about food.

エ Li's tour is more expensive than the others'.

オ Only Alexandro can send something to your house.

カ If you have free time only on weekends, you cannot choose Alicia's tour.

キ If you have 3 hours of free time on weekdays, you can take Alicia's tour.

ク Alexandro's tour seems the cheapest of the four.

( ) ( ) ( )

さっきの問題とは違う形の資料ですね。

資料には, 広告やパンフレット, チラシ, ウェブサイト, グラフや表など, 様々な形式があるよ。特徴的な数字や言葉に注目しよう。

③ 資料読解

 学習のポイント

● 情報量が多い広告は，先に設問を読むことで注目点をしぼることもできる
● 書いてある情報どうしを組み合わせて考える

次の博物館のウェブサイト (website) の案内を読んで，あとの問いに答えなさい。

Azabu Art Museum Website

Spring Special *Exhibition*

The World of Ukiyo-e

Tuesday, March 8th to Sunday, April 17th

● Famous Works of Ukiyo-e
● History of Ukiyo-e

● Tickets for the special exhibition (*including* *admission* to the *permanent* exhibition)

  ▪ Adult (15 years old and older) : 1,000 yen
  ▪ Adult (with a student ID card) : 800 yen
  ▪ Child (14 years old and under) : 600 yen

You can buy *advance tickets* at convenience stores and on the Internet at 200-yen *discount*.

Click <u>HERE</u> to get more information.

Information

Opening Hours : 9:00 − 17:00 (last entry 16:30)

  We will *extend* our opening hours until 20:00 (last entry 19:30) on Fridays from March through October.

Closed : Mondays, the New Year's holidays (December 28th to January 3rd)

  If a Monday is a *national holiday*, the museum will be closed the next day.

Admission (Permanent Exhibition)

	Adult (15 years old and older)	Adult (with a student ID card)	Child (14 years old and under)
Admission	500 yen	300 yen	Free
Group Admission (20 people or more)	400 yen	200 yen	Free

（注）　exhibition　展示　　including　〜を含めて　　admission　入場料
　　　　permanent　常設の　　advance tickets　前売り券　　discount　割引
　　　　extend　延長する　　national holiday　祝日

問1　特別展示の説明として，<u>正しいものを2つ</u>選び，番号で答えなさい。

①　春の特別展示は約40日間開催される。

②　特別展示の入場料は常設展示の入場料と同じである。

③　特別展示の前売り券をインターネットで購入した場合，200円割引される。

④　特別展示を見るためには9時前に美術館に到着しなければならない。

⑤　3月から10月の金曜日の最終入場は20時まで延長される。

（　　　　）（　　　　）

問2　美術館の説明として，<u>正しくないものを2つ</u>選び，番号で答えなさい。

①　閉館時間の30分前までに入館しなければならない。

②　8月中の土曜日は午後5時以降も入場できる。

③　年末年始の1週間は休館日となっている。

④　月曜日が祝日の場合は翌日が休館となる。

⑤　団体入場料はすべて通常入場料の20パーセント引きである。

（　　　　）（　　　　）

問3　20人の大学生，30人の社会人とその小学生の子どもたち30人のグループが常設展示のチケットだけを購入した場合，入場料の合計額はいくらになるか。最も適当なものを選び，番号で答えなさい。

①　12,000円　　　②　16,000円　　　③　20,000円　　　④　21,000円

（　　　　）

見出しや表など注目するべきところが多くて，内容を覚えきれません。

設問に先に目を通してから英文を読むと，内容の理解がより深まって正誤が判断しやすくなるよ。

④ 資料読解

● パンフレットやメニューでは，数値に注目してみよう

● 資料中の情報をもとに計算する

次の英文を読んで設問に答えなさい。

SUGAO SMILE CAFÉ

SUGAO SMILE CAFÉ is a relaxing and comfortable café with the best coffee and
sandwiches in Akiruno city.

Sandwiches Menu

Vegetable sandwiches	*$2.50*
Tuna sandwiches	*$3.00*
Egg sandwiches	*$3.50*
Akigawa Beef sandwiches	*$4.00*
Special sandwiches	*$4.50*

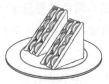

Drink Menu

Coffee	*$1.00*
Tea	*$1.30*
Milk	*$1.50*

Coffee Coupons

We offer reasonable coupon tickets. A book of T Coupons costs as much as 10 cups
of coffee. You can have 11 cups with these tickets. A book of S Coupons costs as
much as 20 cups of coffee. You can have 23 cups with them.

　　・T Coupons　(for 11 cups)　$10

　　・S Coupons　(for 23 cups)　$20

Point Program

Would you like to receive our special offers? If you would, please get a member's
application. When you pay for drinks or foods, please show us the member's
application. We will give you one point per $5 spent. If you collect 10 points, we
will give you a special sandwich for free.

(1)　If you get T Coupons, how many cups of coffee can you drink ?

　ア　ten　　　　　　　イ　eleven　　　　　ウ　twenty　　　　エ　twenty-three

（　　　　）

(2)　Which is true about the member's application ?

　ア　If you get a member's application, you can get $5.

　イ　After getting a member's application, you can get special points.

　ウ　If you get a member's application and 10 points, you can receive their special offer.

　エ　Soon after getting a member's application, you can eat a special sandwich for free.

（　　　）

(3)　How much do you need to pay to get a free special sandwich ?

　ア　$4.50　　　　　イ　$10　　　　　　ウ　$20　　　　　　エ　$50

（　　　）

カフェのメニューかな？　値段や個数など，大事な数字が読み取れそう。

主題を読み取れたら，各情報を比較して数字や条件を整理しよう。

① 資料読解

 解答

ア

 全訳

ビッグ・ウォーター：夏の9人の少年たち

著者　ケイト・ルイス

カペル出版社

電子ブックでも紙媒体でも入手できます

ビッグ・ウォーターは，17歳の息子を持つこの作家が書いた若いアスリートグループの作品の7冊目の本で，フランス語，ドイツ語，イタリア語に翻訳されています。ビッグ・ウォーターは，ミネアポリスの中央高校の9人の男の子の水泳チームの物語です。男の子たちは経験が浅いですが，練習することで力と自信を得ます。最初の水泳大会に敗れたにもかかわらず，翌年，少年たちはなんとか米国の高校水泳選手権に勝ちました。

 解説

「17歳の息子を持つ」作家なので，ア「ティーンエイジャーによって書かれている」が誤り。

イ「シリーズの一部である」（○）

ウ「様々な言語で読まれる」（○）

エ「デジタルでも紙の形でも売られている」（○）

助動詞

1　助動詞の種類

can「〜できる，〜してもよい」　過去形は could

will「〜するだろう，〜するつもりだ」

must「しなければならない，〜にちがいない」

may「〜してもよい，〜するかもしれない」

should「〜すべきだ」　　など。

You must arrive at the station by ten.

「あなたは 10 時までに駅に着かなければならない」

2　助動詞を用いた様々な表現

会話で用いられる。

Will［Can / Would / Could］you help me ?

「手伝ってくれませんか」〈依頼〉

Will［Won't］you have some tea ?「お茶でも飲みませんか」〈勧誘〉

Shall I help you ?「手伝いましょうか」

　　= Do you want me to help you ?「私に手伝ってほしいですか」

　　〈相手の意志〉自分にそうしてほしいかどうかを尋ねる言い方

Shall we go shopping tomorrow ?「明日買い物に行きましょうか」

　　= Let's go shopping tomorrow.「明日買い物に行きましょう」

　　〈相手の意志〉を尋ねる表現　提案を表す言い方

3　助動詞と同じ働きをする表現

過去表現，未来表現での用法に注意する。

● can を用いる文の過去時制，未来時制

He can answer this question.

「彼はこの質問に答えることができる」（現在）

→ He could［was able to］answer this question.

「彼はこの質問に答えることができた」（過去）

→ He will be able to <u>answer</u> this question.

「彼はこの質問に答えることができるだろう」（未来）

● must を用いる文の過去時制，未来時制

I must <u>go</u> there.「私はそこへ行かなければならない」（現在）

→ I had to <u>go</u> there.「私はそこへ行かなければならなかった」（過去）

→ I will have to <u>go</u> there.

「私はそこへ行かなければならないだろう」（未来）

※英語では助動詞の後に別の助動詞を続けることはできない

〈未来〉と〈能力〉「～することができる（ようになる）だろう」

＝〈will be able to + 動詞の原形〉

〈未来〉と〈義務〉「～しなければならないだろう」

＝〈will have to + 動詞の原形〉

※ have [has] to ～の発音に注意

have to は ［hǽftə, hǽftu］, has to は ［hǽstə, hǽstu］ の発音になる。

② 資料読解

 解答

エ・キ・ク

 全訳

オンラインで世界の最高の場所を訪れて

毎日忙しいですか。旅行のためにとてもたくさん支払いたくはないですか。

私たちと連絡をとれば，あなたはいつでもどこでも旅行することができます。

それぞれの旅行ガイドがスクリーン上で彼ら自身の特別な活動を見せるでしょう。

① オリヴァー ― ニュージーランド

　曜日：月，土，日　　　時間：3時間　　　費用：1,000円

　活動：☆羊と散歩

　　　　☆とても近くで羊毛刈りの実演を見ること

② アリシア ― イタリア

　曜日：月，水，金　　　時間：4時間　　　費用：1,500円

　活動：☆バチカン市国訪問

　　　　☆2つ星レストランのシェフが彼の特別なイタリア料理の秘密の調理法を教えます

③ リー ― タイ

　曜日：土，日　　　　　時間：3時間　　　費用：900円

　活動：☆仏教寺院訪問

　　　　☆カオサン通りを歩き，露店や店に立ち寄る

④ アレクサンドロ ― ペルー

　曜日：火，木，土，日　時間：5時間　　　費用：1,600円

　活動：☆マチュピチュ山登山

　　　　☆もう1,500円で，特別なお土産，アルパカの毛糸でできたニットの帽子を送ることがで
　　　　きます

より詳細な情報を求めて，それぞれの人の絵をクリックしてください

解説

ア 「このページのツアーは忙しい人によい」（◯）タイトルの直後の 1 文参照。

イ 「もし動物を見たいなら，オリヴァーのツアーを選ぶべきだ」（◯）オリヴァーの項目の「活動」参照。

ウ 「もしアリシアのツアーを選べば，食べ物についてのことを学ぶことができる」（◯）アリシアの項目の「活動」☆ 2 つ目参照。

エ 「リーのツアーは他の人のよりも値段が高い」（×）全ての旅行ガイドの項目の「費用」参照。リーのツアーは一番安い。

オ 「アレクサンドロだけがあなたの家に物を送ることができる」（◯）アレクサンドロの項目の「活動」☆ 2 つ目参照。

カ 「もし週末にしか暇な時間がなければ，アリシアのツアーを選ぶことができない」（◯）アリシアの項目の「曜日」参照。

キ 「もし平日に 3 時間の暇な時間があれば，アリシアのツアーを選ぶことができる」（×）アリシアの項目の「時間」参照。4 時間かかるから，アリシアのツアーを選ぶことはできない。

ク 「アレクサンドロのツアーは 4 人の中で最も安いようだ」（×）全ての旅行ガイドの項目の「費用」参照。アレクサンドロのツアーは最も高い。

　　　形容詞に注目してみよう。エの more expensive やクの the cheapest は，「費用」が高いか安いかを表しているとわかるので，それぞれの「費用」の欄を見る。その他の問題も，人物名や重要な単語に注意して選択肢を読もう。

分詞

1　現在分詞

●進行形〈be 動詞＋現在分詞〉の文で用いる。

Those girls <u>are</u> playing tennis over there.

「あの少女たちは向こうでテニスをしている」

●名詞を修飾する。

I know that running <u>boy</u>.

「私はあの走っている少年を知っている」

分詞のあとに語句が続いてまとまった意味を表す場合は，名詞のあとに置く。

I know that <u>boy</u> running with a dog.

「私は犬を連れて走っているあの少年を知っている」

2　過去分詞

●受動態〈be 動詞＋過去分詞〉をつくる。

This letter <u>was</u> written by my aunt.

「この手紙はおばによって書かれた」

●現在完了〈have［has］＋過去分詞〉の文で用いる。

I <u>have</u> never been to Thailand.「タイには行ったことがない」

●名詞を修飾する。

This is a used <u>car</u>.「これは中古車［←使われた車］だ」

分詞のあとに語句が続いてまとまった意味を表す場合は，名詞のあとに置く。

This is a <u>car</u> used by my father.「これは父によって使われている車だ」

解答・解説

③ 資料読解

 解答

問 1　①, ③　　問 2　②, ⑤　　問 3　②

 全訳

麻布美術館　ウェブサイト

春の特別展示

<u>浮世絵の世界</u>

3 月 8 日（火）〜 4 月 17 日（日）

●浮世絵の有名作品

●浮世絵の歴史

●特別展示の入場料（常設展示への入場料を含む）

　・大人（15 歳以上）：1,000 円

　・大人（学生証持参）：800 円

　・子供（14 歳以下）：600 円

　前売り券はコンビニとインターネットで，200 円引きで購入できます。

詳しい情報は<u>ここ</u>をクリックしてください。

インフォメーション

営業時間：9：00 − 17：00（最終入場　16：30）

　3 月から 10 月までの金曜日は営業時間を 20：00（最終入場　19：30）に延長します。

休館：月曜日，年末年始（12 月 28 日から 1 月 3 日）

　月曜日が祝日の場合，翌日に休館します。

入場料（常設展示）

	大人（15 歳以上）	大人（学生証持参）	子供（14 歳以下）
入場料	500 円	300 円	無料
団体入場料（20 名以上）	400 円	200 円	無料

解説

問1　①，③が正しい。

　　②（×）　特別展示の入場料は常設展示の入場料より高い。

　　④（×）　そのような記述はない。営業時間内であれば見られる。

　　⑤（×）　最終入場は「20 時」ではなく「19 時 30 分」が正しい。

問2　②（×）　8 月中に営業時間が延長されるのは土曜日ではなく金曜日。

　　⑤（×）　「20％引き」ではなく「100 円引き」である。

問3　20 人の大学生の分は，団体入場料 200 円× 20 ＝ 4,000 円。30 人の社会
　　人の分は，団体入場料 400 円× 30 ＝ 12,000 円。小学生は無料。よって
　　合計 16,000 円。

　　　　広告のつくりに注目してみよう。上下 2 つに分割されていて，特別
展示の案内は上側，美術館の基本情報は下側にあることがわかる。問 1 は「特
別展示の説明」なので，広告の上側をよく見よう。ただし，⑤は美術館の営業
時間についてなので，下側に書いてあることに注意しよう。

不定詞

1 **名詞的用法** 「～すること」

My dream is to travel around the world.

「私の夢は世界を旅してまわることだ」

2 **形容詞的用法** 「～するための」

I want more <u>friends</u> to play tennis with.

「私はいっしょにテニスをする友だちがもっとほしい」

3 **副詞的用法**（目的，原因・理由）「～するために」「～して」

I <u>stopped</u> to ask the way at the corner.

「私は角で道をたずねるために立ち止まった」［目的］

Nancy looked <u>sad</u> to hear the news.

「ナンシーはその知らせを聞いて悲しそうだった」［原因・理由］

4 **不定詞を用いた表現**

● It is ～（for ＋ 人）＋ to ＋ 動詞の原形「…することは（人にとって）～だ」

It is <u>necessary</u> for <u>you</u> to study every day.

「毎日勉強することがあなたには必要だ」

It は形だけの主語（形式主語）。to study 以下が意味の上での主語（真主語）。

● 〈疑問詞 ＋ to ＋ 動詞の原形〉　動詞の目的語になる。

I know how to get there.

「私はどうやってそこへ行けばよいか知っている」　SVO の文。

He told me what to do next.

「彼は私に次に何をするのか教えてくれた」　SVOO の文。

〈疑問詞 ＋ to ＋ 動詞の原形〉は目的語になる。第 4 文型でも用いる。

● 〈want ／ tell ／ ask ＋ 人 ＋ to ＋ 動詞の原形〉

I want <u>you</u> to come here.「私はあなたにここへ来てほしい」

He told <u>me</u> to hurry.「彼は私に急ぐように言った」

● too ～（for + 人）to + 動詞の原形

「（人が）…するにはあまりにも～，～すぎて（人には）…できない」

This tea is too <u>hot</u> to drink.「この紅茶は熱すぎて飲めない」

to drink の前に for me を入れると「私には飲めない」の意味になる。

● enough（for + 人）to + 動詞の原形「（人が）…するのに十分～」

He is <u>old</u> enough to drive a car.「彼は車の運転ができる年齢だ」

enough は「十分なほど」の意味で old を修飾している。

CHAPTER 02

④ 資料読解

解答

(1) イ (2) ウ (3) エ

全訳

スガオスマイルカフェ

スガオスマイルカフェは，あきる野市内で最高のコーヒーとサンドイッチを楽しめる，リラックスした快適なカフェです。

サンドイッチメニュー

野菜サンドイッチ	$2.50
ツナサンドイッチ	$3.00
エッグサンドイッチ	$3.50
秋川牛サンドイッチ	$4.00
スペシャルサンドイッチ	$4.50

ドリンクメニュー

コーヒー	$1.00
お茶	$1.30
ミルク	$1.50

コーヒークーポン

リーズナブルなクーポン券を提供しています。Tクーポンの綴りはコーヒー10杯分の値段です。これらのチケットで11杯分飲むことができます。Sクーポンの綴りは20杯分の値段です。これらのチケットで23杯分飲むことができます。

- ・Tクーポン（11杯分）$10
- ・Sクーポン（23杯分）$20

ポイントプログラム

特別な提供を受けますか？　もし受けるようでしたら，会員アプリを入手してください。飲み物や食べ物の代金を支払う際は，それを見せてください。$5ごとに1ポイントを与えます。10ポイントを集めた場合，無料でスペシャルサンドイッチを差し上げます。

解説

(1)　T クーポンを手に入れた場合，10 杯分の費用で 11 杯飲むことができる。

(2)　会員アプリを手に入れると，5 ドルごとに 1 ポイント与えられ，10 ポイントでスペシャルサンドイッチをもらうことができる。

(3)　スペシャルサンドイッチは 10 ポイントで手に入れられるので，50 ドル支払う必要がある。

 動名詞

1 **動名詞**　動詞の -ing 形

「〜すること」の意味を表し，名詞と同じ働きをする。主語，目的語，補語になるほか，前置詞の目的語になることに注意する。

I read the book without using a dictionary.

「私は辞書を使わないでその本を読んだ」

Nancy learned Japanese by using it every day.

「ナンシーは毎日使うことで日本語を覚えた」

※目的語に不定詞をとる動詞と動名詞をとる動詞

●不定詞を目的語にとる動詞

want「〜を望む」

hope「〜を希望する」

decide「〜を決心する」　など。

●動名詞を目的語にとる動詞

stop「〜をやめる」

finish「〜を終える」

enjoy「〜を楽しむ」　など。

学習のポイント

● 全体を通して，どのような話になるのかを考えて解こう
● 何を補えば文法的に正しい文になるのかを判断する

例にならって，次の(1)から(4)の[ ]内の語句を与えられている順にすべて用い，さらに最低限必要な語を加えて，話の筋が通るように英文を完成させなさい。

【例】 Ms. Williams is a teacher and [there, thirty, children, class].

　　　→ there are thirty children in her class

　A young woman *milked her cow and was *on her way to town to sell the milk. As she *walked down the *path, she *balanced the bucket of milk on her head. It (1)[early, the morning and, sun, bright]. The flowers smelled sweet, and she felt good !

　As she walked, she said to herself "This milk (2)[going, make enough money, buy, eight eggs]. I'll take the eggs back to the farm and put them under my four best *hens. Soon the eggs will *hatch into eight *chicks. I'll feed them, and the chicks will grow big and fat. Then they will have (3)[lot, eggs, will turn, chickens], too. Then I'll take all the chickens and sell them, and I'll (4)[get, most expensive dress, world and, go, nicest party] on Christmas. Everyone will ask me to dance, and *all night long, I'll dance and *twirl."

　As she talked to herself she gave a little *hop and did a dance step, but when she started to twirl around, the milk bucket on her head was *thrown off balance. The milk was *spilled and her plans were *spoiled.

　"Oh, I've done a stupid thing," she cried. "I counted my chickens before they hatched."

[Adapted from Lewis, S. *One-minute Bedtime Stories.*]

(注) milk （動物の）乳をしぼる　　on her way to ～　～へ向かう途中
　　　walk down　歩いていく　　path　小道, 細道　　balance　バランスを保つ
　　　hen　めんどり　　hatch into ～　（卵が）かえって～になる　　chick　ひよこ
　　　all night long　一晩中　　twirl　くるくる回る　　hop　片足跳び
　　　throw ～ off balance　～のバランスを崩す　　spill　こぼす　　spoil　台無しにする

(1) _____.

(2) _____.

(3) _____,

(4) _____

 「話の筋が通るように」文を完成させるって，
どうやればいいのかな。

物語文は登場人物とその行動や感情の流れを整理して，
どんな内容かを把握しよう。空欄の前後を中心に，用
いる文型や文法，語句を推測してみよう。

② 長文読解／物語文

学習のポイント

● 物語文は，時系列や因果関係を意識しよう
● その場面で何が起こっているかを整理して答える

次の英文を読んで設問に答えなさい。

My daughter and I pushed the heavy cart up and down the *aisles of the crowded store. Suddenly, she picked up a game, and without asking, threw it in the cart. "Is that for you ?" I asked.

"No, it's for my friend," she answered. I was proud of her. She didn't have any brothers or sisters so I worried she might be *selfish, but instead she was a very kind and giving person.

My daughter always talked a lot, but on the drive home she was unusually quiet. Finally, she said, " Mommy, if Santa brings all the gifts, why are we buying them ?"

"That's a good question," I said as I quickly tried to think of an answer.

Before I could say anything else, she *yelled, " I know why. We're Santa's helpers !"

I laughed as I said, " You took the words right out of my mouth. Yes, we're Santa's helpers."

A few days later, she came home from school upset. When I asked her why, she said, "Mommy, there's a girl in my class who's not very kind to me and my friends. We talk to her anyway, and when we asked her what she wanted for Christmas, she started crying. She said she wasn't getting anything because her mother is very sick and her father doesn't have the money to pay for anything, not even food."

I calmed her down as I tried to tell her that the holiday season can be a very hard time for some people, but this little girl and her family would be all right because Santa has special helpers who always help people who really need it.

A few days before school closed for Christmas vacation, my daughter wanted this little girl to come over to make holiday cookies. I told her that of course she could. When she came, I was happy to see the two girls getting along well and having so much fun. When we gave her new friend a box full of cookies to take home for her family, she was delighted. She told us she would give them to her mother for Christmas.

Later that evening, my daughter wanted some wrapping paper and ribbons to wrap the gifts she got for her friends. I gave her a roll, but ten minutes later she came back and asked for more. I told her to use anything she needed. However, when she came back again, I thought it was a little strange and asked why she was using so much paper. She said," Because I want the gifts to look pretty," and quickly ran back into her room.

On the last day of school, I had to leave for work extra early, so I called her best friend's mother. Luckily, she could pick up my daughter as she had a lot of gifts and cupcakes to take for the class Christmas party. I never actually saw her leave the house.

Then, on Christmas Eve, I was wrapping gifts and noticed a few of them were gone. I looked high and low and couldn't find them. Finally, I woke my daughter. I asked her where the presents were. She said," Mommy, I wrapped them and gave them to my friend."

I yelled." All of them ?"

She said," Mommy, you said we were Santa's helpers !"

I said," Yes we are, but I didn't say you could give those gifts away."

She started crying and said," But you told me to use anything I needed."

She continued," Mommy, my friend said ..."

I *interrupted her and shouted," Don't take anything out of this house without asking me !"

My daughter began crying. I told her to go back to sleep, walked out of the room, and *slammed the door behind me.

I was so angry. I sat in the living room to see what presents were gone. A pair of bedroom slippers, a nightgown, a housecoat, her father's expensive *cologne, toys, games, hats and gloves were all gone.

Early Christmas morning, I answered the phone to a woman crying. She introduced herself and thanked me over and over again for the beautiful gifts. She said they were the only presents they received for Christmas. She told me that she was sick and was in and out of the hospital, and they didn't have any money to buy anything for the kids, not even a Christmas tree. She told me how happy the kids were with their toys, games, hats, gloves and cookies. She told me how much she needed the slippers, nightgown and housecoat, and how much her husband loved the cologne.

I was sad. I had tears in my eyes, so I told her I would call her back later. I told my daughter about the phone call, and then we looked for our old tree and ornaments, packed some food, and took everything over to her friend's house. The mother and I prepared the family a quick dinner as the kids played and her husband set up the tree. I'll never forget their smiling faces.

Before my daughter and I left to go to my parents' house, we ate, played games and sang Christmas carols with them. We had the best time ever. It was the beginning of a wonderful friendship.

That was a long time ago, but I think that was one of the best Christmases we ever had. It changed our lives and showed us how lucky we really were. That year a tradition was started, and from then on, we have made sure to give or do something special for people who need help at Christmastime.

My daughter and her friend are now grown women, and our families have kept up the tradition of spending Christmas together. I'll always be very proud of my daughter, and thankful for her kindness that year. From her we learned the true meaning of helping and giving, and we became Santa's very special helpers for life.

（注）aisle　通路　　selfish　わがままな　　yell　叫ぶ
　　　interrupt　さえぎる　　slam　バタンと閉める　　cologne　香水

46

本文の内容に合うように，□□□□に最もよくあてはまるものを１つずつ選び，記号で答え
なさい。

(1) At the store, □□□□.

ア it was so crowded that the writer couldn't get the items she wanted

イ the writer didn't think it was OK to get a game for her daughter's friend

ウ the writer's daughter put the game in the cart because she wanted to give it to her friend

エ the cart was so heavy because it was full of toys and games for the writer's children

( )

(2) The writer's daughter was unusually quiet in the car because □□□□.

ア she wanted to ask her mother an important question

イ she was tired after buying a lot of things at the crowded store

ウ she couldn't buy the things she wanted at the store

エ she knew her mother didn't want to be one of Santa's helpers

( )

(3) One day, the writer's daughter was upset when she came home from school because □□□□.

ア some of her friends' families didn't have enough money to buy food

イ she was told that one of her classmates was very sick

ウ she had a fight with one of her friends at school

エ one of her classmates wasn't going to get anything for Christmas

( )

(4) A few days before Christmas vacation, the writer's daughter □□□□.

ア invited her friend to her house and they made cookies together

イ went to her friend's house and they ate cookies together

ウ bought a box full of cookies and gave it to her friend

エ enjoyed making a lot of cookies with her mother

( )

(5)　When the writer's daughter asked for some wrapping paper and ribbons, ☐☐☐☐ .

　ア　she thought she would look pretty with them in her hair

　イ　her mother thought there would be no problem with that

　ウ　she thought her friends would help wrap the gifts with her

　エ　her mother thought it was strange and told her she couldn't have any

（　　　　）

(6)　On Christmas Eve, ☐☐☐☐ .

　ア　the writer woke her daughter and found the gifts in her room

　イ　the writer's daughter didn't know where the gifts were

　ウ　the writer's daughter was still wrapping the gifts

　エ　the writer noticed some gifts were not there

（　　　　）

(7)　The writer was so angry on Christmas Eve because her daughter ☐☐☐☐ .

　ア　slammed the door behind her

　イ　started crying and wouldn't go to bed

　ウ　gave the gifts to her friend without asking her

　エ　said they were Santa's helpers

（　　　　）

(8)　When the writer answered the phone, a woman was crying because ☐☐☐☐ .

　ア　she was very sick and in a lot of pain

　イ　she was so happy with the gifts she received for Christmas

　ウ　she couldn't pay the writer enough money for the things she received

　エ　she couldn't even get a Christmas tree on Christmas Eve

（　　　　）

(9)　After the phone call with the woman, ☐☐☐☐ .

　ア　the woman's family came over, and the two families spent Christmastime together at the writer's house

　イ　the writer and her daughter visited the writer's parents' house and they sang Christmas carols

　ウ　the writer and her daughter had a party at the woman's house and everyone there helped to cook dinner

　エ　the writer and her daughter visited the woman's house with the things she needed for Christmas

（　　　　）

（10）　After Christmas day that year, ☐ .

ア　the two families started a wonderful friendship and still spend Christmas together

イ　the writer could see how lucky she was and got a new job helping poor people

ウ　the writer and her daughter began doing something special for Santa

エ　the two families didn't spend another Christmas together

（　　　）

（11）　The writer learned from her daughter ☐ .

ア　the importance of showing kindness to Santa

イ　the importance of saving children around the world

ウ　the importance of helping and giving

エ　the importance of giving a lot of gifts to children

（　　　）

本文は長いし問題文は英語だし，難しそう。

先に問題文に目を通しておくと，どんな主題を扱っているのかわかりやすいよ。今回は writer's daughter や Christmas という語句が何度も出ているね。

学習のポイント

● 筆者の主張をとらえて，その根拠になるように考えてみよう
● 文脈からあてはまる単語を判断する

以下の論題についてディベートをするために原稿を書いています。空所に入る最も適切な語（句）を選び，番号で答えなさい。

Eating at home is better than eating in a restaurant.

I agree with the statement. I believe that eating at home is better than eating in a restaurant.

Firstly, it is （　1　） to eat at home because it is easy to control the amount of oil and salt, so we can cook less oily and salty meals. Furthermore, we can cook just （　2　） food to feel full. In a restaurant, we sometimes leave food when we are given too much.

Secondly, eating at home is much （　3　）. We can wear comfortable clothes, watch a movie or listen to our favorite music while eating. Moreover, we don't have to （　4　） about other customers. We can talk and laugh as loudly as we want to.

Some people say eating in a restaurant is fun because we can （　5　） eating with friends and celebrating special events. However, I still believe eating at home is better.

(1)　① healthier　② faster　③ cheaper　④ more expensive

（　　　）

(2)　① enough　② rich　③ safe　④ empty

（　　　）

(3)　① safer　② softer　③ more important　④ more relaxing

（　　　）

(4)　① hurry　② behave　③ forget　④ worry

（　　　）

(5)　① stop　② enjoy　③ give up　④ avoid

（　　　）

　どの語句もあてはまりそうに思えるけど……。

まずは本文の内容を理解するためにキーワードを押さえよう。比較級の問題は，前後の単語の関係性に注目するなど文法的に解いてみることもできる。

CHAPTER 03

④ 長文読解／論説文

○ 学習のポイント

● 論説文は，どれが筆者の主張でどれがその根拠なのかを考えて読もう
● どれを補えば意味が問題なく通るかを前後の文から考える

次の英文を読んで設問に答えなさい。

Does a meal of fried *crickets and marinated worms sound tasty to you ? While (1),they are not very popular worldwide. However, there are good reasons for eating insects instead of meat and fish.

One reason insects make a good food source is that (2). When we eat chicken or beef we generally only eat the *muscles and throw away the rest. As Figure 1 shows, the majority of a cricket's body can be used as food – only one-fifth is wasted. On the other hand, with most other *protein sources, such as fish, chicken, and cattle, much more of the animal is wasted. (3). This means the majority of the animal's body is thrown away.

Figure 1:
***Edible portion of animal (%)**

80%	50%	55%	55%	40%
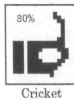	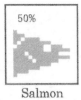	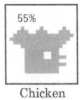	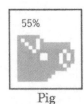	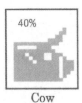
Cricket	Salmon	Chicken	Pig	Cow

Another reason we should eat insects is that they are packed with *nutrition. Many insects are rich in protein. As illustrated in Figure 2, (4). They also *contain much less fat, making them a healthy choice. In addition, insects such as crickets are a good source of vitamins and minerals. They have 10 times as much vitamin B_{12} as salmon, almost five times as much magnesium as beef, and more calcium than milk.

Figure 2:
Nutritional value of animal (%)

The percent of protein and fat in crickets is similar to that of most meats.

It's clear that there are *benefits to replacing meat and fish with insects. In addition to being less wasteful and equally nutritious, insects are available all over the world and they *reproduce rapidly. As resources become *scarce and the global population increases, (　5　).

（注）　cricket コオロギ　　muscle 筋肉　　protein タンパク質　　edible 食べられる
　　　nutrition 栄養　　contain 含む　　benefit 利点　　reproduce 繁殖する　　scarce 乏しい

問　（　1　）～（　5　）に適するものをそれぞれ選び，記号で答えなさい。ただし，文頭に来るものも小文字で示してある。

ア　eating them produces much less waste than eating meat or fish

イ　crickets have as much protein as salmon, chickens, and cows

ウ　perhaps someday more people will consider sitting down for a meal of crickets and worms

エ　only about half of a salmon or a chicken is used as food, and less than half of a cow is used

オ　insects are already a desirable source of protein in some parts of the world

　(1) (　　　　　)　(2) (　　　　　)　(3) (　　　　　)　(4) (　　　　　)　(5) (　　　　　)

知らない語句がたくさんあって，よくわかりません……。

前後の文脈のほか，語注や図表も参考にして考えてみよう。

① 長文読解／物語文

（1）　was early in the morning and the sun was bright
（2）　is going to make enough money to buy eight eggs
（3）　a lot of eggs and they will turn into chickens
（4）　get the most expensive dress in the world and go to the nicest party

　1人の若い女性が牛の乳をしぼり，その牛乳を売るために町に行く途中だった。彼女は小道を歩いている間，頭の上に牛乳の入ったバケツを置いてバランスを取った。(1) 朝早い時間で，太陽が明るかった。花々の甘い香りがして，彼女は気分が良かった！

　歩いている時，彼女は独り言を言った。「この牛乳は(2)卵を8個買うのに十分なお金になるでしょう。私はその卵を農場に持ち帰って，うちで一番良い4羽のめんどりの下に入れるわ。すぐに卵がかえって8羽のひよこになる。私はエサをやり，ひよこたちは大きく丸々と育つでしょう。そうしたら彼らは (3) たくさんの卵を産んで，それもひよこになる。そうしたら私は全てのひよこを持っていって売り，(4) 世界で最も高いドレスを手に入れてクリスマスに最も素敵なパーティーに行くわ。みんなが私にダンスを申し込み，一晩中私はくるくる回って踊るのよ」

　彼女は独り言を言いながら，小さく片足飛びをしてダンスのステップを踏んだ，しかし彼女がくるくる回り始めると，頭上の牛乳のバケツがバランスを崩してしまった。牛乳がこぼれ，彼女の計画は台無しになった。

　「ああ，私は馬鹿なことをしてしまった」と彼女は泣いた。「私は卵がかえる前にひよこを数えてしまった」

解説

(1)　日時を述べる文は It is … とする。ここは過去形で It was early in the morning「朝早かった」とする。sun「太陽」にはふつう the を付ける。bright「明るい」は形容詞なので，be 動詞 was を補う。

(2)　〈be going to ＋動詞の原形〉「～するだろう」の文にする。buy の前に to を補い，形容詞的用法の不定詞句 to buy eight eggs が money を修飾するようにする。

(3)　a lot of eggs「たくさんの卵」とし，「それらもひよこになる」という意味で and they will turn into chickens とする。turn into ～「～になる」

(4)　最上級の前にはふつう冠詞 the を付ける。in the world「世界で」 go to ～「～へ行く」

　　　　並べ替える語句に補うべき単語は，空欄の前後に注目して考えよう。まずは，[　]内の語句を使ってどのような文ができるのかを想像する。例えば(2)は，直後に I'll take the eggs back とあるので若い女性は卵を買って帰ることがわかり，milk と make enough money から「牛乳が卵を買うための十分なお金になる」とすれば筋が通るね。

55

比較

1 原級を用いた表現

〈as + 原級 + as ～〉で「～と同じくらい…」の意味を表す（同等比較）。

He plays tennis <u>as</u> well <u>as</u> you.

「彼はあなたと同じくらい上手にテニスをする」

否定文で用いると「～ほど…ない」の意味になる。

He cannot plays tennis <u>as</u> well <u>as</u> you.

「彼はあなたほど上手にはテニスができない」

2 比較級を用いた表現

〈比較級 + than ～〉で「～よりも…」の意味を表す。比較の対象を言う必要がない場合は than ～は省略される。

Your bike is newer <u>than</u> mine.

「あなたの自転車は私のよりも新しい」

This flower is more beautiful <u>than</u> that one.

「この花はあの花よりも美しい」

3 最上級を用いた表現

〈the + 最上級 + in［of］～〉で「～の中で最も…」の意味を表す。副詞の最上級には the をつけてもつけなくてもよい。

Jack can run the fastest <u>in</u> my class.

「ジャックは私のクラスで最も速く走ることができる」

This book is the most interesting <u>of</u> the three.

「この本は 3 冊の中で最もおもしろい」

● 「～の中で」の意味を表す in は「（範囲・集団）の中で」，of は「（同じ種類）の中で」という場合に用いる。in のあとには単数形の名詞，of のあとには複数形の名詞がくる。

He is the tallest boy in <u>my class</u>.

「彼は私のクラスで最も背が高い少年だ」

Mary was the busiest of <u>us all</u>.

「メアリーは私たち全員の中で最も忙しかった」

●比較級・最上級は形容詞・副詞の原級に -(e)r，-(e)st をつけて作るのが基本だが，原則として母音が3つ以上ある語の場合は〈more＋原級〉，〈the most＋原級〉の形になる。この形に変化する語には，次のようなものがある。

beautiful「美しい」　careful「注意深い」　difficult「難しい」

exciting「わくわくさせる」　famous「有名な」

interesting「おもしろい」　popular「人気のある」　など。

●比較級・最上級は次のように不規則に変化するものがある。

good / well - better - best　　many / much - more - most

bad / ill - worse - worst

② 長文読解／物語文

解答

(1) ウ　(2) ア　(3) エ　(4) ア　(5) イ　(6) エ

(7) ウ　(8) イ　(9) エ　(10) ア　(11) ウ

全訳

　私の娘と私は混んだ店内の通路を重たいカートを押して行ったり来たりした。突然，彼女はゲームを手に取り，たずねることもなく，カートに投げ入れた。「それは自分に？」と私は聞いた。

　「ううん，友達に」と彼女は答えた。私は彼女のことが誇らしかった。彼女は兄弟姉妹がいなかったので，わがままかもしれないと私は心配したが，彼女はとても親切で寛大な人物だった。

　私の娘はいつもたくさん話すが，帰りの車中で彼女は珍しく静かだった。ようやく彼女は言った。「ママ，サンタさんがプレゼントを全部持ってきてくれるのなら，どうして私たちが買うの？」

　「それはいい質問ね」と私は言い，何か答えをすぐに思いつこうとした。

　私が他に何か言える前に，彼女は叫んだ。「どうしてかわかったわ。私たちはサンタさんのお手伝いなのね！」

　私は笑って言った。「あなたはママが言おうとしていたことを取ったわね。そうよ，私たちはサンタさんのお手伝いなの」

　数日後，彼女は学校から動揺した様子で帰宅した。私が彼女に理由をたずねると，彼女は言った。「ママ，私のクラスに，私や友達にあまり親切じゃない女の子がいるの。それでも私たちは彼女に話しかけるよ。私たちが彼女にクリスマスに何がほしいかって聞いたら，彼女は泣き出したの。彼女は，お母さんが重い病気で，お父さんはお金がなくて何も，食べ物すらも買えなくて，だから何ももらえないんだって言ったの」

　私は彼女を落ち着かせ，休暇の季節がとてもつらい時期になってしまう人々もいる，でもこの女の子と家族はきっと大丈夫，なぜならサンタさんには助けを必要とする人々をいつも助けるお手伝いさんがいるから，と彼女に言って聞かせようとした。

　クリスマス休暇で学校が休みになる数日前に，娘はこの女の子を家に招いてお祝いのクッキーを作りたいと思った。私は彼女に，もちろん彼女は来てもいいわ，と言った。彼女がやって来ると，私は2人の少女が仲良くして楽しんでいるところを見てうれしかった。私たちがその新しい友達に，家族のために家に持ち帰る用のクッキーを1箱あげると，彼女は喜んだ。彼女は私たちに，それを母にクリスマスにあげるつもりだ，と言った。

その後，その晩に娘は友達のために買ったプレゼントを包むため，包装紙とリボンをほしがった。私は彼女に1ロール渡したが，10分後に彼女は戻ってきてもっとほしがった。私は彼女に必要なものは何でも使うように言った。しかし，彼女がまた戻ってきた時，私はちょっとおかしいと思い，どうしてそんなにたくさんの紙を使っているのかたずねた。彼女は「だってプレゼントがかわいらしく見えるようにしたいから」と言い，自分の部屋にすばやく走って戻った。

学校の最終日，私は仕事にかなり早く行かなくてはならなかったので，彼女の親友の母親に電話した。幸運にも彼女は私の娘を車に乗せてくれた。娘はクラスのクリスマスパーティーのためにたくさんのプレゼントやカップケーキを持っていた。私は彼女が家を出ていくのを実際には見ていなかった。

そしてクリスマスイブに私はプレゼントを包んでいて，いくつかがなくなっていることに気づいた。私は上も下も見たが見つからなかった。とうとう，私は娘を起こした。私は彼女にプレゼントはどこかたずねた。彼女は「ママ，それは私が包んで友達にあげたよ」と言った。

私は叫んだ。「全部？」

彼女は「ママ，私たちはサンタさんのお手伝いだって言ったよね！」

私は「そうよ，でもあれらのプレゼントをあげてもいいとは言っていないわ」と言った。

彼女は泣き出して言った。「でもママは私に必要なものは何でも使うように言ったわ」

彼女は続けた。「ママ，私の友達が言ったの…」

私は彼女をさえぎり，叫んだ。「私に聞かずにこの家から物を持ち出さないで！」

娘は泣き出した。私は彼女にまた寝るように言い，部屋から出ていき，後ろ手でバタンとドアを閉めた。

私はとても怒っていた。私は居間に座って，どのプレゼントがなくなっているか調べた。寝室用スリッパ1足，寝間着，部屋着，彼女の父親の高価な香水，おもちゃ，ゲーム，帽子，手袋がすべてなくなっていた。

クリスマスの早朝，私は泣いている女性からの電話に出た。彼女は自己紹介し，何度も何度も美しいプレゼントに対して私にお礼を言った。彼女はそれらがクリスマスに自分たちが受け取った唯一のプレゼントだと言った。彼女は私に，自分が病気で病院を出たり入ったりしており，子供たちに何かを買うお金が全くなく，クリスマスツリーさえもない，と言った。彼女は子供たちがおもちゃ，ゲーム，帽子，手袋，クッキーをもらってどんなに喜んでいるか，私に話した。彼女は自分がどれほどあのスリッパ，寝間着，部屋着を必要としていて，彼女の夫がどれほどあの香水を気に入ったかを私に話した。

私は悲しかった。私は涙が出たので，彼女にまた後で電話をかけなおす，と言った。私は娘にその電話について話し，その後，私たちの古いツリーと飾りを探し，食べ物を容器に詰め，すべてを彼女の友達の家に持って行った。子供たちが遊び，彼女の夫がツリーを設置している間，その母親と私は家族に夕食の準備をした。私は彼らの笑顔を忘れないだろう。

娘と私が私の両親の家に行くために出発する前，私たちは食事し，ゲームをして，彼らと一緒にクリスマスキャロルを歌った。私たちは今までで最高の時間を過ごした。それは素晴らしい友情の始まりだった。

　それはずっと昔のことだが，それは今までに最高のクリスマスの1つだったと思う。それは私たちの人生を変え，私たちが本当にどれほど恵まれているのかをわからせてくれた。その年，ある伝統が始まり，その時から私たちは必ず，クリスマスの時期に助けを必要としている人々のために何か特別なものをあげたり実行したりしている。

　私の娘と彼女の友達は今や成人女性だが，私たち家族は一緒にクリスマスを過ごすという伝統を守り続けている。私は常に自分の娘を誇りに思い，あの年の彼女のやさしさに感謝し続けるだろう。彼女から私は助けることや与えることの本当の意味を学び，私たちは一生，サンタさんの特別なお手伝いになったのだ。

 解説

(1)　ア「とても混んでいたので，筆者は彼女のほしいものを手に入れられなかった」（×）

　　　イ「筆者は，娘の友達にゲームをあげることをよいとは考えなかった」（×）

　　　ウ「店で，筆者の娘はカートにゲームを置いた，なぜならそれを友達にあげたかったからだ」（○）

　　　エ「筆者の子どもたちのためのおもちゃやゲームでいっぱいだったので，カートはとても重かった」（×）

(2)　ア「筆者の娘は車中で珍しく静かだった，なぜなら自分の母親に重要な質問をしたかったからだ」（○）

　　　イ「彼女は混みあった店でたくさんのものを買った後とても疲れた」（×）

　　　ウ「彼女は店で欲しいものを買うことができなかった」（×）

　　　エ「彼女は，母がサンタの助手の一人になりたくないことを知っていた」（×）

(3)　ア「彼女の友達の家族の何人かは食べ物を買うための十分なお金がなかった」（×）

　　　イ「彼女はクラスメイトの一人が重い病気であることを聞かされた」（×）

　　　ウ「彼女は学校の友達の一人と喧嘩をした」（×）

　　　エ「ある日，筆者の娘は学校から帰宅した時に動揺していた，なぜならク

　　　　ラスメイトの１人がクリスマスに何ももらわない予定だったからだ」
　　　　（○）

(4)　ア「クリスマス休暇の数日前，筆者の娘は友達を家に招き，一緒にクッキー
　　　　　を作った」（○）

　　　イ「友達の家に行き，彼らは一緒にクッキーを食べた」（×）

　　　ウ「クッキーでいっぱいの箱を買い，友達にあげた」（×）

　　　エ「母とたくさんのクッキーを作ることを楽しんだ」（×）

(5)　ア「彼女はそれらを髪に着けると可愛く見えるだろうと考えた」（×）

　　　イ「筆者の娘が包装紙とリボンをほしがった時，彼女の母親はそれについ
　　　　　ては何の問題もないと思った」（○）

　　　ウ「彼女は，彼女の友達がプレゼントの包装を手伝うだろうと考えた」（×）

　　　エ「彼女の母はそれを不思議に思い，彼女に持っていかないでと言った」
　　　　　（×）

(6)　ア「筆者は娘を起こし，部屋にプレゼントを見つけた」（×）

　　　イ「筆者の娘はプレゼントがどこにあるのかわからなかった」（×）

　　　ウ「筆者の娘はまだプレゼントをラッピングしていた」（×）

　　　エ「クリスマスイブに，筆者はいくつかのプレゼントがないことに気づい
　　　　　た」（○）

(7)　ア「後ろ手でドアをバタンと閉めた」（×）

　　　イ「泣き始めベットに行かなかった」（×）

　　　ウ「筆者はクリスマスイブにとても腹を立てた，なぜなら娘が自分に聞か
　　　　　ずにそのプレゼントを友達にあげてしまったからだ」（○）

　　　エ「彼らはサンタの助手だと言った」（×）

(8)　ア「彼女は重い病気でたくさんの痛みを感じていた」（×）

　　　イ「筆者が電話に出ると，女性が泣いていた，なぜなら彼女はクリスマス
　　　　　に受け取ったプレゼントがとてもうれしかったからだ」（○）

　　　ウ「彼女は受け取ったもののための十分なお金を筆者に払うことができな
　　　　　かった」（×）

　　　エ「彼女はクリスマスイブにツリーでさえも手に入れることができなかっ
　　　　　た」（×）

(9) ア「女性の家族が訪ねて来て，二つの家族は筆者の家で一緒にクリスマス
のひと時を過ごした」（×）
イ「筆者と娘は筆者の両親の家を訪ねて彼らはクリスマスキャロルを歌っ
た」（×）
ウ「筆者と娘は女性の家でパーティーを開きそこにいた全員は夕食の調理
を手伝った」（×）
エ「その女性との電話の後，筆者と娘はその女性がクリスマスに必要とし
ている物を持って，その女性の家を訪ねた」（○）

(10) ア「その年のクリスマスの後，その二つの家族は素晴らしい友情をスター
トさせ，今でも一緒にクリスマスを過ごす」（○）
イ「筆者は彼女がどれだけ幸せであるかに気づくことができ貧困の人々を
助ける新しい仕事に就いた」（×）
ウ「筆者と娘はサンタのために特別なことをし始めた」（×）
エ「二つの家族はその後のクリスマスを一緒に過ごさなかった」（×）

(11) ア「サンタに優しさを見せることの重要性」（×）
イ「世界中の子どもたちを救うことの重要性」（×）
ウ「筆者は自分の娘から助けることと与えることの大切さを学んだ」（○）
エ「子どもたちにたくさんのプレゼントを与えることの重要性」（×）

受動態

1　受け身の文（受動態）

〈be 動詞 + 過去分詞〉で動作を受ける側が主語となる表現になり，「～される [されている]」の意味を表す。これに対し，「～を [に] …する」という形の文を能動態という。

This song is known all over the world.

「この歌は世界中に知られている」

I was surprised at the news.「私はその知らせに驚いた」

●be 動詞を用いる文なので，疑問文・否定文の形，過去形・未来形は be 動詞の文の場合と同じ。過去分詞はそのままにする。

肯定文　English is used in this country.

　　　　「この国では英語が使われている」

疑問文　Is English used in this country ?

　　　　「この国で英語は使われていますか」

否定文　English is not used in this country.

　　　　「この国で英語は使われていない」

過去形　A big house was built here.

　　　　「ここに大きな家が建てられた」

未来形　A big house will be built here.

　　　　「ここに大きな家が建てられるだろう」

●「(人) によって～される」と〈行為者〉を示すときは〈by + 人〉で表す。

This picture was painted by my mother.

「この絵は母によって描かれた」

※能動態と受動態の関係

能動態の目的語が受動態の主語になる。

Mike made this chair.「マイクがこのいすを作った」

　　 S 　　V 　　　O

This chair was made by Mike. 「このいすはマイクによって作られた」
   S   V

※目的語が2つある第4文型の文（S＋V＋O＋O）は原則として
2通りの受動態の文に書き換えることができる。また，第5文型
（S＋V＋O＋C）の文の補語は，受動態でも位置・形は変わらない。

She gave me a nice bag.
「彼女は私にすてきなかばんをくれた」（第4文型）
→ I was given a nice bag by her. / A nice bag was given me by her.
My friends call me Ken. 「友達は私をケンと呼ぶ」（第5文型）
→ I am called Ken by my friends.

● by 以外の前置詞が続く受動態は，熟語として覚えるべきものが多い。
I am interested in music. 「私は音楽に興味がある」
= Music interests me. 「音楽は私に興味を持たせる」
This house is made of wood. 「この家は木でできている」
= They [We] made this house of wood.
of は元の材料の性質が変化しない場合に，from は性質が変化する場合
に用いる。この場合は of [from] 以下の名詞が能動態の主語になるの
ではないことに注意。その他に be covered with ～「～で覆われている」,
be known to ～ 「～に知られている」など。

● take care of [look after] ～ 「～の世話をする」, find out ～ 「～を発
　見する」など，2語以上でまとまった意味を表すものは受動態でも語
　順は同じになる。

He looked after the dog. → The dog was looked after by him.
「その犬は彼によって世話された」

 ③ **長文読解／論説文**

解答

(1)　①　　(2)　①　　(3)　④　　(4)　④　　(5)　②

全訳

家で食べることはレストランで食べることよりもよい。

　私はこの主題の提示に同意する。家で食べることはレストランで食べることよりよい，と私は思う。

　まず第1に，油や塩の量を管理することが簡単だから，私たちはより油っこかったり塩辛かったりしない料理を作ることができるので，家で食べることは (1)より健康的だ。その上，私たちは満腹を感じるちょうど (2)十分な食べ物を調理することができる。レストランでは，私たちは与えられ過ぎて，時には食べ物を残す。

　第2に，家で食べることはずっと (3)よりくつろがせる。私たちは心地よい衣服を着て，食べている間に，映画を見たり私たちのお気に入りの音楽を聞いたりすることができる。その上，私たちは他の客の (4)心配をしなくてもよい。私たちは私たちがしたいだけ大声で話したり笑ったりすることができる。

　私たちは友だちと食べたり特別な行事を祝ったりすること (5)を楽しむことができるので，レストランで食べることは楽しい，と言う人々もいる。しかしながら，家で食べることはよりよい，とそれでも私は思う。

解説

(1)　①　「より健康な」（○）　「油や塩の量を管理することが簡単」（第2段落第1文）なのである。

　　②　「より速い」（×）　③　「より安価な」（×）　④　「より高価な」（×）

(2)　①　「十分な」（○）　「満腹を感じるちょうど」（第2段落第2文）なのである。

　　②　「裕福な」（×）　③　「安全な」（×）　④　「空の」（×）

(3)　①　「より安全な」（×）　②　「より柔らかい」（×）　③　「より重要な」（×）

　　④　「よりくつろがせる」（○）　「心地よい衣服を着」たり「映画を見たり」「お気に入りの音楽を聞いたりすることができる」（第3段落第2文）のである。

(4)　①　「急ぐ」（×）　②　「ふるまう」（×）　③　「忘れる」（×）

　　④　「心配する」（○）　「大声で話したり笑ったりすることができる」（第3段落最終文）のは「他の客の心配をしなくてもよい」からである。

(5)　①　「～をやめる」（×）

　　②　「～を楽しむ」（○）　「楽しい」（最終段落第1文）のである。

　　③　「～をやめる」（×）　④　「～を避ける」（×）

　　　空所に入る語句を選ぶヒントは，空所の前後にあることが多い。直後の具体例などをもとに推測しよう。(1)は，油や塩の量が多い食事は身体にとってよいかどうか，（4）はレストランにおいて大声で話したり笑ったりすると他の客はどう思うかなどと考えれば，あてはまる単語が見えてくる。

関係代名詞

●関係代名詞には名詞を修飾する働きと，主格，目的格などの代名詞の働きがある。

1　主格の関係代名詞

I know that girl who has a book in her hand.

「私は手に本を持っているあの少女を知っている」

関係代名詞が主格の代名詞の働きをする。先行詞が〈人〉の場合はwho。〈人以外〉の場合はwhich。また，thatはいずれの場合にも用いることができる。

That is a house which was built last week .

「あれは先週建てられた家だ」

which 〜 week の部分は名詞 house を修飾する。修飾される名詞を先行詞という。

which は a house を受け，was built に対する主語になっている（which=it）。

2　目的格の関係代名詞

This is a picture which I took in Kyoto.

「これは私が京都で撮った写真だ」

Tell me everything that you know about him.

「彼について知っていることをすべて私に話しなさい」

関係代名詞が目的格の代名詞の働きをする。先行詞が〈人以外〉の場合は which。that は〈人〉でも〈人以外〉でも用いることができる。

The boy that I saw in the park was Jim.

「私が公園で会った少年はジムだ」

that 〜 park の部分は名詞 boy を修飾する。

that は The boy を受け，I saw に対する目的語になっている（that=him）。

●目的格の関係代名詞は省略できる。

I have a book (which) he wrote.「私は彼が書いた本を持っている」

●次のような場合は that が用いられる。

①　先行詞に「すべて」「ない」の意味がついたり，その意味を含む語
　句が先行詞の場合

　All the people that saw the game were excited.

　「その試合を見た人はみな興奮した」

②　先行詞に最上級の形容詞がつく場合

　This is the oldest stamp that I have.

　「これは私が持っている中で最も古い切手だ」

③　先行詞に次のような語句がつく場合

　the only「唯一の」, the same「同じ」 など。

　She is the only student that could answer the question.

　「彼女はその質問に答えることができた唯一の生徒だ」

④　先行詞が〈人＋人以外〉の場合

　The girl and the dog that are running over there are cute.

　「向こうを走っている少女と犬はかわいらしい」

⑤　who で始まる疑問文の直後に who が続く場合

　Who that knows him will believe his words?

　「彼を知っているだれが彼の言葉を信じるだろうか」

CHAPTER 03

④ **長文読解／論説文**

解答

(1) オ　　(2) ア　　(3) エ　　(4) イ　　(5) ウ

全訳

　揚げたコオロギとイモムシのマリネの食事はおいしそうに聞こえるだろうか。(1) 世界のいくつかの地域では昆虫はすでに望ましいタンパク源だが，世界規模ではあまり一般的ではない。しかし，肉や魚の代わりに昆虫を食べるよい理由がある。

　昆虫がよい食料になる理由の1つは，(2) それらを食べることは肉や魚を食べるよりも廃棄分がずっと少ないことだ。鶏肉や牛肉を食べる時，私たちはふつう肉だけ食べて残りを捨てる。図1が示す通り，コオロギの体のほとんどが食品として利用できる。廃棄されるのは5分の1だけだ。他方，魚，鶏肉，牛などの他のほとんどのタンパク源では，ずっと多くの部分が廃棄される。(3) サケや鶏の約半分しか食品として利用されず，牛が利用されるのは半分以下だ。これはその動物の体の大部分が捨てられてしまうということだ。

図1：動物の可食部分　コオロギ：80%　　サケ：50%　　鶏：55%　　豚：55%　　牛：40%

　昆虫を食べたほうがよいもう1つの理由は，それらが栄養が詰まっていることである。多くの昆虫はタンパク質が豊富だ。図2で示された通り，(4) コオロギはサケ，鶏，牛と同じ量のタンパク質を含む。それらは脂質がずっと少ないので，健康的な選択肢となる。さらにコオロギのような昆虫はビタミンやミネラルのよい供給源となる。それらはサケの10倍のビタミンB12，牛肉の約5倍のマグネシウム，牛乳より多くのカルシウムを含む。

図2：動物の栄養価　コオロギのタンパク質と脂質の割合は，ほとんどの肉と同じである。

　肉や魚を昆虫と取り換えることに利点があることは明確だ。無駄が少なく栄養が等しいことに加え，昆虫は世界中で手に入り，急速に繁殖する。資源が乏しくなり，世界人口が増えるにつれて，(5) もしかしたらいつか，コオロギとイモムシの食事を食べてみようとする人が増えるかもしれない。

解説

全訳下線部参照。

間接・付加・否定疑問

1　間接疑問

疑問詞で始まる疑問文が動詞の目的語になる文。〈疑問詞＋主語＋動詞 ～〉の語順になる。

I know ＋ Where did he go?　→　I know where he went.

「私は彼がどこへ行ったか知っている」

●間接疑問は名詞節になるので，時制の一致を受ける。

I know what you have in your hand.

「私はあなたが手に何を持っているか知っている」

I knew what you had in your hand.

「私はあなたが手に何を持っているか知っていた」

●間接疑問は第4文型でも用いられる。

I asked her what subject she liked.

「私は彼女に何の科目が好きかたずねた」

2　付加疑問

相手に念を押したり，確認を求めるときの表現。念を押すときは文末を下げ調子，確認を求めるときは上げ調子で読む。肯定文は〈(助) 動詞の否定形＋主語（代名詞）〉を，否定文は〈(助) 動詞＋主語（代名詞）〉を文末につける。肯定の答えならば Yes，否定の答えならば No で答える。

This is your book, isn't it? — Yes, it is. / No, it isn't.

「これはあなたの本ですよね」—「はい，そうです／いいえ，ちがいます」

He doesn't like cats, does he? — Yes, he does. / No, he doesn't.

「彼はネコが好きではないですよね」

—「いいえ，好きです／はい，好きではありません」

※英語では肯定の内容ならば Yes，否定の内容ならば No で答える。

日本語の「はい／いいえ」と感覚が異なる場合があるので注意する。

Yes, it isn't. / No, he does. という英語は誤り。

3 否定疑問

Isn't this your bike ? — Yes, it is.

「これはあなたの自転車ではないのですか」—「いいえ, 私の自転車です」

否定文を疑問形にした文。Yes / No の答え方に注意する。

<u>Didn't</u> he come here ? — Yes, he did. / No, he didn't.

「彼はここに来なかったのですか」

—「いいえ,　来ました／はい,　来ませんでした」

英作文

学習のポイント

● 設問の内容や必要とされている条件を正しく読み取ろう

● 知っている語句や表現を使って英文を組み立てる

(1) 次の写真を説明する文章を，総語数 25 語以上 35 語以内で書きなさい。

　〈注意〉短縮形は 1 単語と数える。ピリオドやコンマは 1 単語としては数えない。

(2) 下の絵を見て，あとの問いに答えなさい。

絵④の　　　　に入るように 10 語以上の英文を書きなさい。ただし，wish を使うこと。
2 文になっても構いません。

_____

_____

(3) 次の英文が表す事柄が私たちの暮らしにどのような影響を与えるのかを考え，そのメリット，デメリットを，それぞれ 10 語程度の英文で答えなさい。

People need to pay for *plastic shopping bags at stores. ＊レジ袋

メリット _____

デメリット _____

(4) 次の質問に 20 語程度の英文で答えなさい。ピリオドやコンマは語数に入りません。

Do you do anything good for the environment ?

_____

_____

(5) 学校の授業をオンラインで受けることの利点を，以下の英語に続けて書きなさい。さらに，それに対する理由や説明を15語以上の英語で書きなさい。複数の文を書いてもよい。なお，ピリオド，コンマなどの符号は語数に含めない。

1. The advantage of taking lessons online is that _____ .

(語数制限なし)

2. ┌─────────────────────────────────┐
   │　　　　　　　　15 語以上の英語　　　　　　　　│
   └─────────────────────────────────┘

1. _____

_____ .

2. _____

_____

（6）　あなたが関心を持っていることについて，museum を作るとしたら，どんな museum を作りたいか **20 語以上 40 語以内**の英語で書きなさい。ただし，**2 つ以上の理由を必ず書くこと**。2 つ以上の英文になっても構いません。なお，ピリオドやコンマなどは語数に含めない。短縮形は 1 語と数える。

_____

_____

_____

_____

（7）　次のテーマに沿って，できるだけたくさんの英文を自由に書きなさい。囲み内の語句は英文を書くための参考です。これらの語句を使っても使わなくても構いません。

英文のテーマ：高校生になってやりたいこと

club	school event	if	because
enjoy	study	will	in order to

_____

_____

_____

_____

_____

(8) 次の英文と日本文の条件に合うように，それぞれ英文を 1 つずつ作りなさい。

① You are calling Yuji, but his mother answers. He is out to buy something for lunch. You want him to call you back when he comes back home. What will you say to her ?

② 友達の花子と土曜日に遊びに行くことになり，いつどこで会うかを花子に聞くとき。

① _____

② _____

(9) 次のお知らせを読み，あとの問いに答えなさい。

Welcome to Hikari Museum Workshop

What's on this month

Workshop 1

Decorate spring eggs

Make colorful eggs by shaking them in rice!

♡ Wednesdays　　10:30 / 14:00
　 Saturdays　　10:00 / 15:00
　 notice : closed on the second Saturday, but open on the third Sunday

✖ 1 hour

☺ 15

◇ plastic bags　　food coloring　　rice　　hard boiled eggs

Workshop 2

Make a chocolate painting

Create some tasty art which you can eat with your friends!

♡ Every second and third Tuesday　　　13:00
　 Thursdays and Sundays　　　　　　14:00

✖ 1.5 hours

☺ 20

◇ milk chocolate　　dark chocolate　　white chocolate
　 A4 plastic film　　3 plastic bags　　scissors
　 a bowl (We'll get you warm water.)

✺ Both activities are free to join !!

Notice

♡ Opening day and starting time　　✖ The time it takes to do the activity
◇ What to bring　　☺ Maximum number of people

If you'd like to join, just come to the museum and sign up at the door.
Sorry, we don't accept e-mails or telephone bookings.

次の質問に 20 語以内の英文で答えなさい。ピリオドやコンマは語数に入れません。

Which workshop would you like to join, workshop 1 or workshop 2 ?　Why ?

_____

_____

（10）Yuki は春休みのシンガポール研修に参加しています。今日の日記を書き終えたところ
で，アメリカ人の友人 Ben から電話がかかってきました。日記の内容に合うように Ben
と Yuki の会話を完成させなさい。下線部①には 9 語～ 12 語，下線部②には 4 語～ 7 語
を補うこととする。

3月20日

今日も屋台でチキンライスを食べた。日本ではほとんど外に食べに行くこ
とはなかったが、シンガポールに来てから毎日の外食にも慣れてきた。シ
ンガポールでは、両親共働きで食事を作る時間のない家庭が多い上に、外
食の方が家でごはんを作るよりも安いらしい。みんなが当たり前のように
毎日外食するのも納得する。ごはんの時に、ホストブラザーがシンガポー
ル特有の英語であるシングリッシュを話してくれた。英語とはいえ、違う
ことばのように聞こえてびっくりした。シンガポールなまりのない "正し
い英語" を話そうという動きもあるけど、多くのシンガポール人がシング
リッシュに誇りを持ち、家族や友達との間で好んで使っているそうだ。シ
ンガポール人にとってシングリッシュは、自分が何者であるかを表すこと
ばなのだ。シンガポールって面白い！

Ben　: Hi, Yuki! How is Singapore?

Yuki : Great! I've been enjoying the time here very much. I especially like Singaporean food. I eat out with my host family every day.

Ben　: Every day?! Your host family must be rich!

Yuki : Actually, it's common here. Many people in Singapore eat out every day because it is not unusual that ①＿＿＿＿＿＿＿＿＿＿＿＿＿＿＿＿＿＿＿＿＿＿＿＿＿＿.
　　　 Also, eating out is cheaper than cooking at home.

Ben　: That's interesting! Do your host family speak Singlish?

Yuki : When they talk with me, they don't. But today my host brother showed me some examples of Singlish.

Ben　: Good for you! Did you understand it?

Yuki : Well, it was too hard for me! In fact, my host brother told me that the government is trying to promote "standard English," but many Singaporeans are proud of their unique English and like to use it when they talk with their family or friends. They see Singlish as ②＿＿＿＿＿＿＿＿＿＿＿＿＿＿＿＿＿＿＿＿＿.

Ben　: Interesting! Sounds like it's part of their unique culture.

Yuki : Exactly! Here, I enjoy experiencing their unique cultures every day. I now like Singapore even more!

①＿＿＿＿＿＿＿＿＿＿＿＿＿＿＿＿＿＿＿＿＿＿＿＿＿＿＿＿＿＿＿＿

　＿＿＿＿＿＿＿＿＿＿＿＿＿＿＿＿＿＿＿＿＿＿＿＿＿＿＿＿＿＿＿＿.

②＿＿＿＿＿＿＿＿＿＿＿＿＿＿＿＿＿＿＿＿＿＿＿＿＿＿＿＿＿＿＿＿.

英作文はどうやって書いたらいいのかな？

まず書くべき語句などを書き出してから，文に整えて書いていこう。時制や単数複数などの一致にも気をつけて見直すといいね。

78

CHAPTER 04 英作文

解答

(1)（例）　The students are sitting in a classroom. A teacher is standing in front of the blackboard. All of the students are raising their hands. There's a bag next to the boy's desk.（32 語）

(2)（例）　Did you wish for anything you want in your mind?（10 語）

(3)（例）　（メリット）　Reducing plastic bags is good for the environment.（8語）
（デメリット）　We have to bring our own bag every time.（9 語）

(4)（例）　Yes, I do. I use an eco-bag when I go shopping. And I carry my water bottle. I don't buy plastic water bottles.（23 語）
（例）　No, I don't. I usually buy plastic bags when I go shopping because I don't have to bring my one.（20 語）

(5)　1.（例）　（The advantage of taking lessons online is that）we can lower the risk of getting the coronavirus（.）

2.（例）　When we take lessons online, we don't have to get on crowded trains or meet a lot of people at school.（21 語）

(6)（例）　I want to make a sugar museum for three reasons. First, I think that sugar has been important for humans. Second, I think that sugar has a long and interesting history. Third, I am interested in how sugar is made.（40 語）

(7)（例）　As a high school student, I want to challenge many things. First, I want to make a lot of friends. Second, I want to study hard, especially English and math, because my future dream is to be an animal doctor. Third, I want to join a tennis club. I'm not good at playing it, but I'll practice it hard to be a better player.

(8)　①（例）Could[Would] you tell him to call me back?［Please tell him to call me back.］

② （例）When and where are we going to meet on Saturday? [When and where will we meet on Saturday?]

(9)（例）I'd like to join workshop 1. Because I haven't decorated eggs before and I didn't know how to make them.（20語）

（例）I'd like to join workshop 2. Because I haven't painted chocolate before. It sounds interesting. I like chocolate very much.（20語）

(10) ①（例）both parents work and have no time to cook in many families (.)（12語）

② （例）a language which expresses who they are (.)（7語）

全訳

(2) 絵①（左から）「ねえ，あれを見て！」「うわあ，きみの誕生日に流れ星だよ，カレン！」「急いで，何か願い事をしましょう！」

絵③「私のカメは音を立てたことがないから，彼女の感情をわかりたいわ」

絵④「どうしてそんなに静かなの，カレン？」「いいえ，しなかった」

絵⑤「どうして？　お金持ちになったりもっと物がほしくないの？」

絵⑥「いいえ，望まないわ。それは今の生活に満足しているからよ」

絵⑦「わかった！　それじゃあ，このプレゼントはいらないということだね」
「待って…何ですって？！　いやよ〜！！！」

(3) 人々は店でレジ袋代を払う必要がある。

(4) あなたは環境のために何かよいことをしていますか。

(5) オンライン授業の利点は（　　）。

(8) ①あなたはユウジに電話をしていますが，彼の母が出ました。彼はお昼のために何か買いに出掛けています。あなたは彼が帰宅したら自分に折り返し電話をしてほしいです。あなたは彼女に何と言いますか。

(9)
ヒカリ美術館ワークショップへようこそ
今月について

ワークショップ1
イースターエッグを飾る
　米の中で振って色彩に富んだエッグを作って。
♡　水曜日　10時30分／14時
　　土曜日　10時／15時

注意：第2土曜日は休みですが，第3日曜日に行います

⧖1時間

☺15

◇ ビニール袋　　食品用着色剤　　米　　固ゆで卵

ワークショップ2

お絵描きチョコレートを作る

　友達と食べられるおいしい芸術を作って。

♡　第2・第3火曜日　13時

　　木曜日と日曜日　　14時

⧖1.5時間

☺20

◇　ミルクチョコレート　　　ダークチョコレート　　　ホワイトチョコレート

　　A4のラップ　　　　　　　ビニール袋3枚　　　　　　ハサミ

　　料理用のボウル（私たちが温かいお湯を準備します。）

　　💥両方の活動とも参加無料です。

注意

♡開催日と開始時間　⧖ 活動にかかる時間

◇持ってくる物　☺ 最大人数

　　参加したいなら，美術館に来て扉の所で記名をしてください。

　　申し訳ありませんが，Eメールや電話での予約は受け付けません。

あなたはワークショップ1と2のどちらに参加したいですか。なぜですか。

(10)ベン：やあ，ユキ！　シンガポールはどう？

ユキ：すばらしいわ！　ここでの時間をとても楽しんでいるわ。私は特にシンガポールの食べ
　　　物が好きよ。毎日ホストファミリーと外食しているの。

ベン：毎日だって？！　君のホストファミリーはお金持ちにちがいないね！

ユキ：実は，ここでは普通のことなのよ。（①）はまれなことではないから，シンガポールの
　　　多くの人々が毎日外食するのよ。それに，外食の方が家で料理するより安いわ。

ベン：それは興味深いね！　君のホストファミリーはシングリッシュを話すの？

ユキ：私と話すときは話さないわ。でも今日，ホストブラザーがいくつかシングリッシュの例
　　　を教えてくれたの。

ベン：それはよかったね！　理解できたかい？

ユキ：うーん，私には難しかったわ！　実際，政府は標準英語を推進しようとしているとホス
　　　トブラザーが教えてくれたけれど，多くのシンガポール人は自分たちの独特な英語を誇
　　　りに思っていて，家族や友達と話すときはそれを使うのを好むのよ。彼らは，シングリッ

　　　　シュを（②）と見なしているの。

ベン：面白いね！　彼らの独特な文化の一部のようだね。

ユキ：まさしくね！　ここで私は毎日彼らの独特な文化を経験して楽しんでいるわ。ますます
　　　シンガポールが好きだわ！

解説

(1)　まずは日本語で写真を説明する文章を書き出すこと。そして，その中から
　　英語で表現することができそうなものを選ぼう。英文を書く場合には，

　　・スペルミスがないか

　　・名詞が適切な形になっているか（単数形・複数形）

　　・a や the などの冠詞は適切か

　　・時制は適切か

　　以上の点に注意をしたい。

　　また，There are three students in the classroom. のように〈There is（are）
　　＋名詞＋場所〉を用いるとよい。そして，間違いを防ぐためにも１文が長
　　くなりすぎないように注意しよう。できる限り短い文を複数書くことで指
　　定語数を超えるようにしたい。

　　（解答例の訳）生徒たちは教室で座っています。先生は黒板の前に立ってい
　　ます。すべての生徒が挙手しています。男の子の机の隣にかばんがあります。

(2)　④の絵で，カレンが少女の問いかけに No, I didn't. と答えていることから，
　　Yes / No で答えられる形で「あなたは〜しましたか」という疑問文を考える。
　　また，カレンが願い事を言わずにだまっていることから，in your mind「心
　　の中で」を加えるなどして状況に合う語句を加える。

　　（解答例の訳）あなたは心の中でほしいものをお願いしたの？

(3)　英文は「人々は店でレジ袋のお金を払う必要がある」という意味。

　　（解答例の訳）（メリット）レジ袋を減らすことは環境によい。

　　（デメリット）私たちは毎回自分のバッグを持っていかなくてはならない。

(4)　自由英作文を書くときには短い文を書くように心がける。長い文はミスを
　　するポイントも増えるから避けた方がよい。Do you 〜？と質問されている
　　ので，まず Yes, I do. か No, I don't. で答えるのが適切。その後，その理由

や具体的な経験などを述べる。

（解答例の訳）はい，しています。私は買い物に行くとき，エコバッグを使います。そして，私は自分の水筒を持っていきます。私はプラスチックの水のボトルを買いません。

（解答例の訳）いいえ，していません。買い物に行くときは，自分のものを持っていく必要がなくなるので，いつもビニール袋を買います。

（5）1. 接続詞 that に続けて書くので，〈主語＋動詞〉の形でなければならない。lower the risk of ～ ing「～するリスクを下げる」

（解答例の訳）オンライン授業を受ける利点はコロナウイルスに感染するリスクを下げることができることだ。

2. when ～「～する時には，～すれば」〈don't have to ＋動詞の原形〉「～する必要がない」

（解答例の訳）オンライン授業を受ければ，混んだ電車に乗ったり学校で大勢の人に会ったりする必要がない。

（6）まず「どんな museum（博物館，美術館）を作りたいか」を考える。そこに「2つ以上の理由」を加えるので，First, ... / Second, ... や One reason is ... / Another is ... といった表現で列記するとよい。

（解答例の訳）私は3つの理由で砂糖の博物館を作りたいです。はじめに，砂糖は人間にとって大切なものだと思うからです。2つ目に，砂糖には長く興味深い歴史があると思うからです。3つ目は，どのように砂糖が作られるのかに興味があるからです。

（7）高校生になってやりたいことについて，なるべくたくさんのことを書くようにする。英作文においては，内容をより具体的にすることが大切である。また，単語・熟語や文法上のミスによって減点されることが多いので，不用意なミスを失くすように注意するとよい。また，他の場所に一度下書きをして，語彙や文法をチェックした後に，できるだけ丁寧な字で清書することも大切なことである。

（解答例の訳）高校生として，私はたくさんのことに挑戦していきたいです。まず，私は友達をたくさん作りたいです。2つ目に，私の将来の夢は動物の医者になることなので，特に英語と数学をしっかり勉強したいです。3

つ目に，テニス部に入りたいです。私はテニスをするのは上手ではありませんが，より良い選手になるために一生懸命練習します。

(8)　①電話をかけ直すことを伝える表現として「後で彼にかけ返します」I will call him back later / I will ring him back later / I get back to him later などがある。

(解答例の訳) 私に電話をかけ返してくれるよう彼に伝えてくれますでしょうか。[私に電話をかけ返してくれるよう彼に伝えてください。]

　　②「いつどこで待ち合わせるか？」What time and where should we meet？ / What time and where would you like to meet？なども活用できる。

(解答例の訳) 土曜日はいつ，どこで会いましょうか。

(9)　would you like ～？と聞かれたら I would like ～ と答える。理由を尋ねられたら，答えるときは because「～だから」を使う。長い文章を書くとミスをするポイントも増えるので避けた方がよい。

(解答例の訳) 私はワークショップ1に参加したいです。私は今まで卵にデコレーションをしたことがなく，どのようにそれを作るか知らないからです。

(解答例の訳) 私はワークショップ2に参加したいです。なぜなら私は以前にチョコレートに絵を描いたことがないからです。それは面白そうです。私はチョコレートが大好きです。

(10)　①シンガポールでは毎日外食することが普通であることの理由を入れる。ユキの日記の第3文に書かれている，「両親共働きで食事を作る時間がない家庭が多い」，「外食する方が家で食事を作るより安い」という2つの理由の最初のものを空所に入れる。「～な家庭が多い」と考えると英文が複雑になるので，簡単な表現を工夫する。空所を含む文の it は形式的な主語で that 以下を指す。また，unusual が「珍しい，普通ではない」という意味であることから，「親が2人とも働いていて食事を作る時間がないことは珍しくない」などとすると書きやすいだろう。

(解答例の訳) 多くの家族にとって，両親が働いていて食事を作る時間がないこと

　　②see ～ as … で「～を…と見なす」という意味。ユキの日記の最後から2

文目の「自分が何者であるかを表すことば」をそのまま入れれば文意が成り立つ。「自分が何者であるか」は間接疑問を使って who they are と表せる。「表す」は express のほかに show を用いてもよい。a language を先行詞にして，関係代名詞 which または that でつないで expresses [shows] who they are と続ける。

（解答例の訳）自分たちが何者であるかを表すことば

英作文を書くときは，問題文にある条件にも注意しよう。「賛成か反対，どちらかの立場で」，「理由を〇つ述べて」，「〇語以上〇語以内で」などの指定は，英作文を組み立てるヒントになることもあるよ。

前置詞・接続詞

1 前置詞

●前置詞は名詞(句)の前に置いて，他の語句を修飾する。

We played soccer in the park. 「私たちは公園でサッカーをした」

…in the park は動詞 played を修飾。

The hat on the chair is mine. 「いすの上の帽子は私のものだ」

…on the chair は名詞 hat を修飾。

●次のような前置詞の意味の違いに注意する。

「場所」を表す at と in

場所を 1 つの点ととらえる場合は at，空間ととらえる場合は in。

I found the purse at this point in the park.

「私は公園のこの地点で財布を見つけた」

「時」を表す by と till[until]

by は「期限」, till[until] は「期間」を表す。

Come here by ten. 「10 時までにここに来なさい」

…10 時が期限であることを表す。

Let's wait for her till ten. 「10 時まで彼女を待とう」

…10 時まで「待つ」動作が続くことを表す。

● in front of ～ 「～の前に」，at the back of ～ 「～の後ろに」などは，前置詞と同じ働きをする。

Your bag is in front of the door. 「あなたのかばんはドアの前にある」

●前置詞のあとに動詞を続ける場合は動名詞にする。

Eat breakfast before going to school.

「学校へ行く前に朝食を食べなさい」

2 接続詞

●等位接続詞（and, but, or, so など）動詞と動詞など同じものをつなぐ。

I got up and washed my face. 「私は起きて顔を洗った」

She sat between Tom and Mary. 「彼女はトムとメアリーの間に座った」

●従属接続詞（when, if, because, that など）

〈S＋V〉を含む意味のまとまり（節）をつなぐ。

Mother was cooking when I got home.

「私が帰宅すると母は料理をしていた」

You will catch the bus if you walk faster.

「もっと速く歩けば，あなたはバスに間に合うだろう」

●従属接続詞には副詞節を導くものと名詞節を導くものがある。

I stayed home because it was too cold.

「私はあまりに寒かったので家にいた」

…because 以下の節は副詞と同じように動詞 stayed を修飾する。

I know that he is busy. 「私は彼が忙しいことを知っている」

…that 以下は名詞と同じように know の目的語になる。接続詞の that は省略できる。

●決まった組み合わせになる表現の例

between ～ and … 「～と…の間で」

either ～ or … 「～か…のどちらか」

not only ～ but（also）… 「～だけでなく…も」

as soon as ～ 「～するとすぐに」

as ～ as possible（… can）「（…が）できるだけ～」

so ～ that … 「とても～なので…」

学習のポイント

● 英問英答では, 何を聞かれているのか設問文を理解しよう
● 聞かれている内容に関係のある文を読み取る

次の英文を読んで設問に答えなさい。

From: Eri Sugao < eri2001@smail.com >

To: Kate Brown < kate_b@smail.com >

Date: September 12, 2023

Subject: Homestay

Hi, Kate,

Thank you for everything during my stay in Australia. I had a really great time with you and your family. Now I have to study for the next exam, so I am very busy ! I miss you and Australia so much ! When you come to Japan, please let me know. You can stay at my house and I'll show you my town.

Eri

From: Kate Brown < kate_b@smail.com >

To: Eri Sugao < eri2001@smail.com >

Date: September 13, 2023

Subject: Re: Homestay

Hi, Eri,

Thank you for your e-mail. My family and I had a good time with you. We miss you too. I came to like Japan because you told me a lot about Japanese food, cultures, towns and so on. Actually, I'm going to visit Japan at the end of this year. Until then, I'll keep studying Japanese through classes at school. I'm looking forward to seeing you ! Please take me to manga and anime stores !

Kate

---

(1) Why is Eri busy ? Answer to this question in English.

_____

(2) When will Kate go to Japan ? Choose the best answer below.

　ア　December　　　　イ　January　　　　ウ　March

（　　　　）

(3) What does Kate want to do in Japan ? Choose the best answer below.

　ア　To study Japanese with Eri.

　イ　To visit Japan with her family.

　ウ　To meet Eri and go to manga shops.

（　　　　）

メール文は CHAPTER 01 にあったけど……。

英問英答であっても解き方は変わらないよ。本文と質問文の両方から内容を整理してみよう。

学習のポイント

● 設問文の内容を理解したら，チラシと同様に読み解こう
● 資料に書いてあることにあてはまる内容かを意識する

次の案内を読み，後に続く英問の答えとして最も適切なものをそれぞれ選び，番号で答えなさい。

VOLUNTEERS NEEDED

We are trying to find dedicated, reliable volunteers to feed, clean and socialize ABC center's cats and dogs. The work includes playing, exercise or grooming them. Duties include cleaning cages, laundry, washing dishes, sweeping and mopping.

Volunteer Must be Age 16
(youth, age 12-15, with parent)

* Young animal-lovers aged 12-15 are welcome to volunteer with a parent. People age 16 and over can volunteer on their own.

* Volunteers commit to a three-hour shift once a week: 9 a.m.-noon or 6-9 p.m.

If you would like to learn about volunteer opportunities in ABC center, visit the shelter and see how you can play a role. Please come to "VOLUNTEER FAIR" at ABC center.

VOLUNTEER FAIR: Saturday, May 15 10am-3pm
Volunteer Orientation on the Half Hour

To join "VOLUNTEER FAIR", fill out application online at ABC.center/volunteer-application

---

(1) What is this advertisement for ?

  ① To find volunteers who raise dogs and cats at home.

  ② To find volunteers who take care of animals at the shelter.

  ③ To find volunteers who give food to cats and dogs on the street.

  ④ To find volunteers who teach how to train animals at school.

(   )

(2) What can you do to know what the work is like in the shelter ?

  ① Join the volunteer fair.

  ② Call the ABC center.

  ③ Send an application form by mail.

  ④ Go to the shelter with your own dog.

(   )

(3) Which meets the conditions of the ABC center's volunteers ?

  ① A 10-year-old boy with his father who can work once a week, 3-6 p.m.

  ② A 13-year-old girl with her friend who can work once a month, 2-5 p.m.

  ③ A 18-year-old girl who can work once a month, 9 a.m.-noon.

  ④ A 16-year-old boy who can work once a week, 6-9 p.m.

(   )

すべて英語で，図や表もないからわかりにくいです……。

チラシ内の数字や言葉だけではなく，質問文の重要単語や選択肢の特徴を読み取って，チラシから必要な情報をピックアップしよう。

学習のポイント

● 各文章の意図をとらえて判断しよう
● 本文と選択肢を照らし合わせて考える

次の文章を読み，問いに対する答えとして最も適切なものをそれぞれ選び，番号で答えなさい。

Every language has special expressions. In Japanese, these conversational responses are called *aizuchi*. They include words and phrases such as *hai*, *naruhodo* and *wakarimashita*. These are an important part in *promoting communication and building good relationships.

When you respond, listeners have four important tasks : to show that they're listening, to make it clear that they understand, to express interest and to have *empathy.

If you practice these responses, you'll find that your conversations improve and that people enjoy talking to you. Most of these expressions can be learned from books. Another way is to watch movies to see how native speakers use them.

When you practice, it's important to use an interested tone of voice, facial expressions and body language. It's not a good response to your partner if you talk in a monotone voice, sound like a robot or look like a statue !

When I study a foreign language, I always begin by learning these conversational responses. I'm proud I can use *aizuchi* expressions in foreign languages ― even if sometimes I can't understand the languages !

（注）　promote 促進する　　empathy 共感

（1） According to the passage, what can we learn from watching movies ?

① How people talk in a monotone voice.

② How people move like robots.

③ How people look like statues.

④ How people respond to build good relationships.

（　　　）

（2） According to the passage, which is a good conversational response ?

① Making good use of foreign languages.

② Talking in a monotone voice.

③ Showing interest by using *aizuchi* expressions.

④ Talking and using *aizuchi* expressions like a robot.

（　　　）

日本語がローマ字で使われているところが
ありますね。

選択肢や文と段落のつながりに注目しながら，主題を
読み取ろう。

① 英問英答

 解答

(1)（例）Because she[Eri] has to study for the next exam.

　　（例）To study[prepare] for the next exam.

(2)　ア　　(3)　ウ

全訳

差出人：スガオ　エリ〈eri2001@smail.com〉

宛　先：ケイト・ブラウン〈kate_b@smail.com〉

送信日：2023 年 9 月 12 日

題　名：ホームステイ

やぁ，ケイト

オーストラリア滞在中，いろいろとありがとう。私はあなたとあなたの家族と本当に素晴らしい時間を過ごしました。今，私は次の試験のために勉強しなければならないので，非常に忙しいです！あなたとオーストラリアがとても恋しいです！　日本に来るときは，知らせてください。あなたは我が家に滞在することができ，あなたに私の町を見せるつもりです。

エリ

差出人：ケイト・ブラウン〈kate_b@smail.com〉

宛　先：スガオ　エリ〈eri2001@smail.com〉

送信日：2023 年 9 月 13 日

題　名：Re：ホームステイ

こんにちは，エリ

メールありがとう。私の家族と私はあなたと楽しい時間を過ごしました。私たちもあなたを恋しく思います。日本の食べ物や文化，街など，たくさん話してくれたので，日本が好きになりました。実は，年末に日本を訪ねるつもりです。それまで，学校の授業で日本語を勉強し続けていきます。お会いできるのを楽しみにしています！　漫画やアニメのお店へ連れて行って下さい！

ケイト

解説

（1）　「なぜエリは忙しいのか」　エリは次の試験のための勉強で忙しいのである。Why に対する答えなので，Because か不定詞の副詞的用法を用いて答えるのが適切である。

（2）　「ケイトはいつ日本に行くか」　年末に日本を訪れるとあるので 12 月が適切である。

（3）　「ケイトは日本で何をしたいか」　エリに漫画やアニメのお店に連れて行ってくれるようにお願いをしていることから判断できる。

 否定表現

1　**否定表現**

● no は「（少しも）ない」の意味を表す形容詞。数えられる名詞にも数えられない名詞にも用いる。

I have no <u>friends</u> in foreign countries.

=I don't have any <u>friends</u> in foreign countries.

「私は外国には 1 人も友達がいない」

● few は数えられる名詞に，little は数えられない名詞に用いる。

I know few French <u>words</u>.

「私はフランス語の単語をほとんど知らない」

● few, little は a をつけると「少し（は）ある」という肯定的な意味になり，a をつけずに用いると「ほとんどない」という否定的な意味になる。

I have a little money now.「私は今，少しお金を持っている」

I have little money now.「私は今，ほとんどお金を持っていない」

② 英問英答

解答

(1) ②　　(2) ①　　(3) ④

全訳

ボランティア募集中

ABC センターの猫と犬の餌やり，清掃，交流のために，献身的で信頼性のあるボランティアを探しています。仕事には遊び，運動，または彼らのグルーミングが含まれます。職務には，ケージの清掃，洗濯，皿洗い，掃除，モップ掛けが含まれます。

ボランティアは 16 歳以上
（12 〜 15 歳は，保護者同伴）

＊12 〜 15 歳の動物好きの若者は，親と一緒にボランティアすることを歓迎します。

16 歳以上の方は，一人でボランティアすることができます。

＊ボランティアは，週 1 回 3 時間のシフトを担当：午前 9 時から正午または午後 6 時から 9 時。

ABC センターのボランティアの機会について詳しく知りたい場合は，シェルターを訪れ，どのように役立つかを確認してください。ABC センターでの「ボランティアフェア」にご参加ください。

ボランティアフェア：5 月 15 日土曜日 10 時〜15 時
半時間ごとにボランティアオリエンテーション

「ボランティアフェア」に参加するには，オンラインで ABC.center/volunteer‑application で申込書を記入してください。

解説

(1) 「この広告は何のためのものか」　広告は「ABC センターの猫と犬の餌やり，清掃，交流のためのボランティア」を求めている。家での飼育や，道路での食事提供，学校での訓練指導には言及していない。

① 「自宅で犬や猫を育てるボランティアを見つけるため」（×）

② 「シェルターで動物の世話をするボランティアを見つけるため」（○）

③ 「路上で犬や猫に餌をあげるボランティアを見つけるため」（×）

④ 「学校で動物のしつけ方を教えるボランティアを見つけるため」（×）

（2）「シェルターでの仕事がどのようなものか知るためには何をすればよいか」
　　「ABC センターのボランティアの機会について詳しく知りたい場合は，シェルターを訪れ，ボランティアフェアに参加してください」と案内に書かれている。

①「ボランティアフェアに参加する」（○）

②「ABC センターに電話する」（×）

③「申込書を郵便で送る」（×）

④「愛犬と一緒にシェルターへ行く」（×）

（3）「ABC センターのボランティアの条件を満たすのはどれか」　ボランティアは週に1回3時間のシフトを担当し，16歳以上の人は一人でボランティアすることができる。

①「週に1回，午後3時から6時まで働ける，10歳の男の子と父親」（×）

②「月に1回，午後2時から5時まで働ける，13歳の女の子と友達」（×）

③「月に1回，午前9時から正午まで働ける18歳の女の子」（×）

④「週に1回，午後6時から9時まで働ける16歳の男の子」（○）

感嘆文

1　感嘆文

●感情を強く表して「なんて～なのだろう」と言うときは what や how を用い，強めたい語句を前に出し，〈主語＋動詞〉をあとに置く。

What a beautiful mountain Mt. Fuji is !
「富士山はなんて美しい山なのだろう」

How well she sings !「彼女はなんて上手に歌うのだろう」

● what は〈(a [an]) 形容詞＋名詞〉を，how は形容詞・副詞を強める。

What a nice movie this is !「これはなんてすてきな映画なのだろう」

How nice this movie is !「この映画はなんてすてきなのだろう」

③ 英問英答

 解答

(1)　④　　(2)　③

 全訳

　どの言語にも特別な表現がある。日本語では，これらの会話応答はあいづちと呼ばれる。それらには，はい，なるほど，わかりましたなどの単語やフレーズが含まれる。これらは，コミュニケーションを促進し，良好な関係を構築する上で重要だ。

　応答するとき，聞き手には4つの重要な仕事がある：聞いていることを示すこと，理解していることを明確にすること，興味を示すこと，そして共感を持つこと。

　これらの応答を練習すると，会話が改善され，人々はあなたと話すのを楽しむことに気づくだろう。これらの表現の多くは本から学ぶことができる。別の方法は，映画を見て，ネイティブの話し手がそれらをどのように使用するかを確認することだ。

　練習するときは，興味深そうな声のトーン，表情，ボディーランゲージを使用することが重要だ。単調な声で話したり，ロボットのように聞こえたり，彫像のように見えたりすると，パートナーへの良い反応ではない！

　私は外国語を勉強するとき，いつもこれらの会話の反応を学ぶことから始める。外国語であいづちの表現が使えることを誇りに思っている—たとえ言語が理解できない場合でも！

 解説

(1)　「本文によると，映画を見ることから学べることは何か」映画を見ることで，第1段落最終文にある「良好な関係を構築する上で重要な」ことを学ぶことができる。

　①「人はどのように単調な声で話すか」（×）

　②「人はどのようにロボットのように動くか」（×）

　③「人はどのようにして彫像のように見せるか」（×）

　④「人はどのようにして良好な人間関係を築くか」（○）

(2)　「本文によると，どれがよい会話応答か」第2段落参照。あいづちを用いて，

聞いていることや理解していること，そして興味や共感を示すことである。

① 「外国語を上手に活用すること」（×）

② 「単調な声で話すこと」（×）

③ 「あいづち表現を用いて興味を示すこと」（○）

④ 「ロボットのように，話したりあいづち表現をしたりすること」（×）

英問英答では，問題文によく使われる表現がある。例えば…

・According to the passage[table], ... 「本文 [表] によると，…」

・Choose the best answer below. 「最も適切な答えを以下から選びなさい」

・Write the answer in English[Japanese]. 「答えを英語 [日本語] で書きなさい」

問われている内容は，問題文が日本語でも英語でも，あまり変わらないことも多いよ。

会話表現

1 会話表現

Shall I take a message ?

「おことづけしましょうか」（電話での会話で用いられる表現）

Would you mind **opening** the door ?

「ドアを開けていただけますか」（依頼の表現）

What do you say **to** some tea ?

「お茶でもどうですか」（勧誘の表現）

Will you tell me how to get to the station ?

「駅へどう行けばよいか教えてくれませんか」（道をたずねる表現）

●会話表現には助動詞，不定詞，動名詞を用いる表現も多いので，文法面での理解をした上で覚えることも重要である。

CHAPTER 06

① リスニング

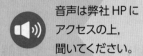
 学習のポイント

● リスニングは問題用紙に目を通してから放送を聞くと解答しやすい

● 写真の状況を正しく把握する

これから下の 5 枚の写真について説明をした英文が, それぞれ 3 つずつ読まれます。写真の
状況説明として最もふさわしいものを A ～ C から 1 つずつ選び, 記号で答えなさい。

(1)

(　　　)

(2)

(　　　)

(3)

(   )

(4)

(   )

(5)

(   )

② **リスニング**

音声は弊社 HP に
アクセスの上,
聞いてください。

学習のポイント

● 問題用紙に書かれている選択肢から, 聞き取るポイントを予想しよう

● 会話の流れで最終的にどうなったのかを聞き取る

対話とその内容に関する質問を聞き, その答えとして最も適切なものを①～④から 1 つずつ
選び, 番号で答えなさい。

(1) ① Watch TV.

② Play tennis.

③ See a play.

④ Do their homework.

(　　)

(2) ① Because he hadn't joined the class yet.

② Because he was sleeping.

③ Because he went to get a dictionary.

④ Because he was checking the network.

(　　)

(3) ① A table by the window at 2 p.m. this Wednesday.

② A table by the window at 8 p.m. this Friday.

③ A table near the entrance at 8 p.m. this Friday.

④ A table near the entrance at 2 p.m. this Wednesday.

(　　)

話題がいくつかあると, どこが重要なのか
わからなくなります。

選択肢を見て, 何を聞きとればよいかを判断しよう。
行動, 理由, 場所, 時間などが問われているね。

① リスニング

解答

(1) C　　(2) A　　(3) C　　(4) A　　(5) A

スクリプト

(1)　Number one.

　　A)　The wall is under the bench.

　　B)　Some people are reading on the bench.

　　C)　The bench is as long as the wall.

(2)　Number two.

　　A)　Some people are watching things being sold in the market.

　　B)　Some people are helping build a tent.

　　C)　Some people are shopping in the supermarket.

(3)　Number three.

　　A)　The woman is pushing the shopping cart.

　　B)　The man with his hands in his pockets is walking his dog.

　　C)　Three people are walking together.

(4)　Number four.

　　A)　Some people are standing in line to buy tickets.

　　B)　No one is wearing a hat.

　　C)　A man is talking on the phone.

(5)　Number five.

　　A)　There are many cards in the rack.

　　B)　Many cars are parked in front of the shop.

　　C)　Many cards are displayed on the wall.

全訳

(1) 第 1 問

　　A) 塀がベンチの下にある。

　　B) 何人かがベンチで本を読んでいる。

　　C) ベンチは塀と同じくらいの長さだ。

(2) 第 2 問

　　A) 何人かが市場で売られているものを見ている。

　　B) 何人かがテントを張るのを手伝っている。

　　C) 何人かがスーパーマーケットで買い物をしている。

(3) 第 3 問

　　A) 女性がショッピングカートを押している。

　　B) 男性がポケットに両手を入れながら犬を散歩させている。

　　C) 三人が一緒に歩いている。

(4) 第 4 問

　　A) 何人かがチケットを買うために列に並んでいる。

　　B) 帽子をかぶっている人は一人もいない。

　　C) 男性が電話で話している。

(5) 第 5 問

　　A) たくさんのカードが棚に入っている。

　　B) たくさんの車が店の前に駐車されている。

　　C) たくさんのカードが壁に展示されている。

 写真にあるものと似たような単語が聞こえると，正しく思えてしまうのですが……。

まずは写真をよく見て状況を把握しよう。次にキーワードを中心に，人やものの状態を正確に聞き取ろう。

解説

（1）　塀はベンチの後ろにあるため A は誤り。「本を読んでいる」人はいないため B は誤り。塀と同じくらいの長さでベンチが並んでいるので C が正解。

（2）　市場の様子を表している A が正解。テントを張っている人はいないため B は誤り。スーパーマーケットではないので C は誤り。

（3）　真ん中の女性が押しているのはベビーカーであるため A は誤り。左側の男性は片手でリードを持って犬を散歩させているので B は誤り。よって C が正解。

（4）　券売機の前に列ができているため A が正解。右側の券売機に帽子をかぶった女性がいるため B は誤り。電話をしている人はいないので C は誤り。

（5）　収納ラックにたくさんのギフトカードが入っているため A が正解。車はないので B は誤り。カードは壁に展示されているわけではないので C は誤り。

② リスニング

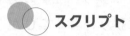

解答

(1) ①　(2) ②　(3) ②

スクリプト

(1) A : What are we going to do after school today, Rachel ?

　　B : How about watching TV at my place, Jonathan ? There's a tennis game on.

　　A : Well... I'd rather go and see a play.

　　B : What time does it start ?

　　A : It's from 7 o'clock.

　　B : Wait. It's already 6:45. It's impossible to get there in time.

　　A : OK. Then let's go to your place.

　　Question : What are the man and the woman going to do after school ?

(2) A : Good morning everybody. Our online English class will start soon. Prepare everything you need for this class before it starts. Hey Nick, I can't see your face. Could you please turn on your video ?

　　B : (Silence)

　　A : Hello ? Are you there, Nick ? Hello ?

　　B : (Pause) Aww good morning, Ms. Taylor. I'm sorry. I fell asleep for a moment there. Umm... do we need a dictionary today ?

　　A : Of course, you always do Nick. Go and get it. If there are some words you don't understand, you can look them up yourself. Can everybody hear me ? Can you see my screen ? If there are any problems, please let me know.

　　B : Ms. Taylor, my screen freezes sometimes. What should I do ?

　　A : Hold on a second, Nick. Let me see if the other students are having the same problem. (Pause) I guess it is just you. There must be something wrong with your network. Please check it is working.

　　Question : Why didn't the boy respond to the woman at first ?

(3) A : Good afternoon. This is Miramar Ocean View Restaurant. How can I help you ?

B：Good afternoon. I'm Honda. I'm wondering if I can reserve a table for this Wednesday？

A：Let me check... I'm sorry, we don't have any free tables that day, but we have some on Friday. We will be open from 2 p.m. to 11 p.m. Would that be ok？

B：That sounds great. A table for 2 people at 8 p.m. please.

A：Would you like to sit by the window or near the entrance？

B：I'd like a quiet table by the window.

A：All right. Your reservation is all set, Mr. Honda. We look forward to seeing you.

Question：What table did the man reserve？

 全訳

（1）A：今日の放課後僕たちは何をしようか，レイチェル。

B：私の家でテレビを見るのはどう，ジョナサン。テニスの試合があるよ。

A：ううん……僕はむしろ行って試合を見たいな。

B：それは何時から始まるの？

A：7時からだよ。

B：待って。もう6時45分だよ。間に合うのは不可能だよ。

A：わかった。そうしたら君の家に行こう。

問：男性と女性は放課後に何をするつもりですか。

（2）A：おはようございます，皆さん。私たちのオンラインの英語の授業はもうすぐ始まります。始まる前にこのクラスのためにあなたが必要とするすべてのものを準備してください。ねえニック，私はあなたの顔を見られません。あなたのビデオをつけてもらえますか。

B：（沈黙）

A：もしもし。いますか，ニック。もしもし。

B：（一時停止）ああ，おはようございます，テイラー先生。ごめんなさい。一瞬眠っていました。ううん……僕たちは今日辞書を必要としますか。

A：もちろん，あなたたちはいつも必要としますよ，ニック。行って取ってきて。もしいくつかわからない単語があったら，あなたは自分でそれらを調べることができます。皆さん，私の声は聞こえますか。私の画面を見ることができますか。もし何か問題があれば，私に知らせてください。

B：テイラー先生，僕の画面が時々固まります。どうすればいいですか。

A：少し待って，ニック。他の生徒たちが同じ問題を抱えていないか見させてください。（一時停止）あなただけだと推測します。あなたのネットワークに何か問題があるのでしょう。

　　　　機能しているかを確認してください。

　　　問：なぜ最初に少年は女性に返事をしなかったのですか。

（3）A：こんにちは。こちらはミラマーオーシャンビューレストランです。どのようなご用件でしょうか。

　　　B：こんにちは。私はホンダです。今週の水曜日にテーブル席を予約することは可能でしょうか。

　　　A：確認いたします……申し訳ございません，その日は空席がございません，しかし金曜日でしたらいくつかございます。私たちは午後2時から午後11時まで営業しております。こちらで大丈夫でしょうか。

　　　B：いいですね。午後8時に2人用のテーブル席をお願いします。

　　　A：窓際か入口付近のどちらにお座りになりますか。

　　　B：窓際の静かな席がいいです。

　　　A：かしこまりました。あなたのご予約は完了しました，ホンダ様。お会いできることを楽しみにしております。

　　　問：男性はどんなテーブル席を予約しましたか。

 解説

（1）　Bの1番目の発言とAの最後の発言を参照。Bがテレビでテニスの試合を見ることを提案し，それに対してAは直接試合を見ることを提案しているものの，時間の都合から最終的にはBの家に行こうと言っている。

①　テレビを見る。（○）

②　テニスをする。（×）

③　演劇を観る。（×）

④　宿題をする。（×）

（2）　Bの2番目の発言を参照。声をかけてきたAに対し，眠っていたと謝っている。

①　まだクラスに参加していなかったから。（×）

②　寝ていたから。（○）

③　辞書を取りに行ったから。（×）

④　ネットワークを確認していたから。（×）

（3）　Aの2番目の発言と，Bの2番目と3番目の発言を参照。Aの金曜日なら空席があるという言葉に対し，Bは午後8時にと返していることから，金

曜日の午後8時に予約をとったことがわかる。加えて，Bの3番目の発言から，窓際の席を予約したことがわかる。

① 　今週の水曜日午後2時の窓際のテーブル。（×）

② 　今週の金曜日午後8時の窓際のテーブル。（○）

③ 　今週の金曜日午後8時の入口付近のテーブル。（×）

④ 　今週の水曜日午後2時の入口付近のテーブル。（×）

文法の総まとめチェック

●日本語に合うように (　　) に入る語を書きなさい。

1. (　　) (　　) one of his students.
   私は彼の生徒の一人です。

2. (　　) (　　) busy now ?
   彼女は今，忙しいですか。

3. Tom and I (　　) classmates.
   トムと私はクラスメイトではありません。

4. (　　) (　　) like sushi ? ― Yes, I (　　).
   あなたは寿司が好きですか。―はい，好きです。

5. I (　　) (　　) basketball well.
   私はバスケットボールが上手にできます。

6. (　　) he (　　) well ? ― No, he (　　).
   彼は上手に料理ができますか。―いいえ，できません。

7. (　　) (　　) she ? ― She is my cousin.
   彼女は誰ですか。―私のいとこです。

8. I (　　) (　　) eat some fruits for breakfast.
   私は朝食にいくらか果物が食べたいです。

9. (　　) (　　), Aya !
   アヤ，起きなさい！

10. (　　) dance with me.
    私と踊りましょう。

解答

1. I am   **be 動詞**
   be 動詞は主語によって形が変わる。

2. Is she   **be 動詞の疑問文**
   疑問文は be 動詞 + 主語の語順になる。

3. aren't   **be 動詞の否定文**
   主語が複数の場合の be 動詞は are になる。

4. Do you, do   **一般動詞の疑問文**
   Do[Does] + 主語 + 動詞の原形～？の語順になる。

5. can play   **助動詞 can**
   助動詞の後の動詞は原形になる。

6. Can, cook,   **助動詞の疑問文**
   can't[cannot]   助動詞 + 主語 + 動詞の原形～？の語順になる。

7. Who is   **疑問詞の疑問文**
   疑問詞 + 通常の疑問文の語順になる。

8. want to   **want to ～**
   want + to + 動詞の原形で「～したい」を表す。

9. Wake up   **命令文**
   主語を省略し，動詞の原形を先頭に置く。

10. Let's   **勧誘**
    Let's + 動詞の原形で「～しましょう」を表す。

11. (　　) (　　) carry the bag ?
    かばんをお持ちしましょうか。

12. (　　) (　　) have lunch there ?
    あそこで昼食を食べましょうか。

13. (　　) (　　) (　　) to come with me ?
    私といっしょに来ませんか。

14. Mary (　　) (　　) the museum.
    メアリーは美術館に行きます。

15. He is (　　) a letter to his cousin.
    彼はいとこに手紙を書いています。

16. (　　) (　　) this watch last Sunday.
    彼は先週の日曜日にこの時計を買いました。

17. She (　　) (　　) to the festival.
    彼女はお祭りに来ませんでした。

18. (　　) (　　) tired.
    あなたは疲れていました。

19. (　　) (　　) take a picture here ?
    ここで写真を撮ってもいいですか。

20. (　　) (　　) help me ?
    手伝ってくれませんか。

21. (　　) (　　) this cat is !
    このネコはなんてかわいいのでしょう。

11. Shall I　　　　　提案
　　　　　　　　　　「(私が) ～しましょうか」という表現。

12. Shall we　　　　勧誘・提案
　　　　　　　　　　Shall we ～？で「～しましょうか」と提案する表現になる。

13. Would you like　提案
　　　　　　　　　　「～しませんか」と誘う表現。

14. goes to　　　　　三人称単数現在形
　　　　　　　　　　動詞に -s や -es をつける。

15. writing　　　　　現在進行形
　　　　　　　　　　be 動詞 + 動詞の -ing 形で「～しているところです」。

16. He bought　　　過去形
　　　　　　　　　　過去形は -ed のつく動詞と不規則変化する動詞がある。

17. didn't come　　 過去形の否定文
　　　　　　　　　　didn't[did not] + 動詞の原形の語順になる。

18. You were　　　　be 動詞の過去形
　　　　　　　　　　be 動詞は過去形も主語によって形が変わる。

19. May[Can] I　　　許可
　　　　　　　　　　May I ～の方がより丁寧な表現になる。

20. Can[Will] you　 依頼
　　　　　　　　　　Can[May] I ～？とのちがいに注意する。

21. How cute　　　　感嘆文
　　　　　　　　　　How + 形容詞 [副詞] + 主語 + 動詞の語順になる。

22. (　　) (　　) wonderful idea this is !
　　なんてすばらしい考えだろう。

23. Kana (　　) (　　) sad.
　　カナはとても悲しそうに見えます。

24. It (　　) fun.
　　楽しそうに聞こえます。

25. (　　) (　　) two cups in his room.
　　彼の部屋には 2 つのカップがある。

26. They (　　) (　　) then.
　　彼らはそのとき釣りをしていました。

27. What (　　) you (　　) (　　) do here ?
　　ここで何をするつもりですか。

28. It (　　) (　　) sunny tomorrow.
　　明日は晴れるでしょう。

29. (　　) (　　) goes there, he will be glad.
　　彼はもしそこへ行ったら，うれしいでしょう。

30. I think (　　) he is smart.
　　彼は賢いと思います。

31. I like chocolate (　　) (　　) is sweet.
　　チョコレートは甘いので，私はそれが好きです。

32. It is easy (　　) me (　　) run fast.
　　私にとって速く走ることは簡単です。

22. What a   感嘆文
    What + 形容詞 + 名詞 + 主語 + 動詞の語順。

23. looks very   look + 形容詞
    「~のように見える [思われる]」という表現。

24. sounds   sound + 形容詞
    「~のように聞こえる [思われる]」という表現。

25. There are   there の文
    後ろにくる名詞が単数なら There is，複数なら There are になる。

26. were fishing   過去進行形
    「~しているところでした」という表現。

27. are, going to   未来表現
    be 動詞 + going to + 動詞の原形で「~するつもりです」を表す。

28. will be   助動詞 will
    will + 動詞の原形で未来の予想を表す。

29. If he   接続詞 if
    「もし~なら…でしょう」という表現。

30. that   接続詞 that
    目的語などになる名詞節をつくる表現。

31. because it   接続詞 because
    because 以下の節が理由や根拠を示す。

32. for, to   It is + 形容詞 + (for 人) to + 動詞の原形
    「(人にとって) ~することは…です」という文。

33. We (　　) (　　) breakfast.
    私たちは朝食を食べるべきです。

34. You (　　) (　　) eat too much.
    食べ過ぎないほうがいいですよ。

35. I usually enjoy (　　) songs.
    私はたいてい歌を歌うことを楽しみます。

36. Her hobby is (　　) (　　) mountains.
    彼女の趣味は山に登ることです。

37. I went there (　　) (　　) a new game.
    私は新作のゲームを買うためにそこへ行きました。

38. I want something (　　) (　　) with.
    私は何か書くためのものがほしいです。

39. (　　) (　　) visit her house.
    あなたは彼女の家を訪ねなければなりません。

40. You (　　) (　　) tell him the secret.
    彼に秘密を話してはいけません。

41. I (　　) (　　) (　　) my homework.
    私は宿題をしなければなりません。

42. You (　　) (　　) (　　) eat all of them.
    全部食べなくてもいいですよ。

43. My dog is (　　) (　　) that one.
    私の犬はあの犬より小さいです。

33. should eat　　　助動詞 should
　　　　　　　　　　主語が I や we の場合「〜するべきだ」という意味。

34. should not　　　助動詞 should
　　　　　　　　　　You should 〜で「〜するほうがいい」（勧告・助言）という意味。

35. singing　　　　動名詞
　　　　　　　　　　動詞の -ing 形で「〜すること」を表す。

36. to climb　　　　不定詞〈名詞的用法〉
　　　　　　　　　　to + 動詞の原形で「〜すること」を表す。

37. to buy　　　　　不定詞〈副詞的用法〉
　　　　　　　　　　「〜するために」という意味。

38. to write　　　　不定詞〈形容詞的用法〉
　　　　　　　　　　「〜するための…」という表現。

39. You must　　　助動詞 must
　　　　　　　　　　「〜しなければならない」という表現。

40. must not　　　　助動詞 must の否定文
　　　　　　　　　　「〜してはいけない」という禁止の表現になる。

41. have to do　　　have to 〜
　　　　　　　　　　「〜しなければならない」という意味。

42. don't have to　　have to 〜の否定文
　　　　　　　　　　「〜しなくてよい」という意味になる。must not との違いに注意。

43. smaller than　　比較級
　　　　　　　　　　形容詞の語尾に -er をつけるか，長い形容詞は前に more を置く。

44. This is ( ) ( ) ( ) reason.
これは一番重要な理由です。

45. My room is ( ) ( ) ( ) yours.
私の部屋はあなたのものと同じくらい広いです。

46. ( ) ( ) is that car ?
その車はどれくらいの値段ですか。

47. This chair ( ) ( ) in China.
このいすは中国で作られました。

48. This movie ( ) ( ) happy.
この映画はわたしを幸せにします。

49. I ( ) ( ) ( ) to Canada.
私はカナダに行ったことがありません。

50. ( ) ( ) had dinner yet ?
あなたはもう夕食を食べましたか。

51. This car ( ) ( ) ( ) for five years.
この車は5年間使われています。

52. I ( ) ( ) ( ) this umbrella since last May.
私は去年の5月からこのかさを使い続けています。

53. ( ) ( ) have you lived here ?
あなたはどれくらい長くここに住んでいますか。

54. ( ) ( ) do you take a walk in a week ?
あなたは週に何回散歩しますか。

44. the most
    important
    最上級
    形容詞に -est をつけるか，長い形容詞は前に the most を置く。

45. as large as
    比較級
    「同じくらい～」は，as ＋ 形容詞 [副詞] ＋ as の語順となる。

46. How much
    値段をたずねる表現
    「どれくらいの量の～」という意味でも使われる。

47. was made
    受け身の文
    be 動詞 ＋ 過去分詞で「～される」を表す。

48. makes me
    make ＋ 人・もの ＋ 形容詞
    「（主語）は（人・もの）を～にする」という表現。

49. have never been
    現在完了〈経験〉
    have ＋ 過去分詞の語順になる。

50. Have you
    現在完了〈完了〉
    yet は疑問文では「もう」，否定文では「まだ」になる。

51. has been used
    現在完了〈継続〉
    have ＋ been ＋ 過去分詞で「～され続けている」という受け身の表現。

52. have been using
    現在完了進行形
    have ＋ been ＋ 動詞の -ing 形で「～し続けている」。

53. How long
    期間・時間をたずねる表現
    How long の後に疑問文の語順を続ける。

54. How often
    頻度をたずねる表現
    How often の後に疑問文の語順を続ける。

55. He (　　) (　　) here.
　　彼はここに来るかもしれません。

56. She (　　) (　　) clean my room.
　　彼女は私が部屋を片付けるのを手伝いました。

57. (　　) (　　) see her pictures.
　　彼女の写真を見せて。

58. I don't know (　　) (　　) (　　).
　　私は彼がなぜ泣いたのかわかりません。

59. Sana found the toy (　　) (　　) interesting.
　　サナは興味深いおもちゃを見つけました。

60. The book (　　) (　　) (　　) was written by his teacher.
　　私が読んだ本は彼の先生が書きました。

61. Hiro is a student (　　) (　　) kind to everyone.
　　ヒロは誰にでも親切な学生です。

62. The girl (　　) (　　) is my daughter.
　　水を飲んでいる少女は私の娘です。

63. I saw a picture (　　) (　　) a famous artist.
　　私は有名な画家によって描かれた絵を見ました。

64. (　　) (　　) (　　) a bird, I could fly to school.
　　もし私が鳥だったら学校に飛んでいけるのに。

65. (　　) (　　) I could talk to my pet.
　　もし私がペットと話せたらなあ。

55. may come   助動詞 may
   推量のほか「〜してもよい」（許可）という意味もある。

56. helped me   help＋人（目的格）＋動詞の原形
   「（人）が〜するのを助ける」という意味。

57. Let me   使役 let
   let＋人[もの]＋動詞の原形の語順になる。

58. why he cried   間接疑問文
   疑問詞＋主語＋動詞の語順になる。

59. which[that] was   関係代名詞〈主格〉
   which[that]＋動詞の語順になる。

60. which[that]   関係代名詞〈目的格〉
   I read   which[that]＋主語＋動詞の語順になる。

61. who[that] is   関係代名詞〈主格〉who
   説明する語句（先行詞）が人の場合に用いる。

62. drinking water   後置修飾（現在分詞）
   動詞の -ing 形で名詞を後ろから修飾する。

63. painted by   後置修飾（過去分詞）
   動詞の過去分詞で「〜された…」と名詞を後ろから修飾する。

64. If I were[was]   仮定法
   実現不可能な内容を表す。時制に注意する。

65. I wish   仮定法
   I wish＋過去の文で、現在の実現不可能な願望を表す。

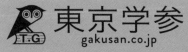

書籍の内容についてのお問い合わせは右のQRコードから ⇒

※書籍の内容についてのお電話でのお問い合わせ、本書の内容を超えたご質問には対応できませんのでご了承ください。

高校入試実戦シリーズ
偏差値5アップ 英語 55↗60

2024年2月29日　初版発行

発行者　　　　佐藤 孝彦
編　集　　　　櫻井 麻紀
　　　　　　　株式会社ダブル ウイング
表紙デザイン　株式会社スマートゲート
発行所　東京学参株式会社
　　　　〒153-0043　東京都目黒区東山2-6-4
　　　　〈URL〉 https://www.gakusan.co.jp
印刷所　株式会社シナノ

ISBN978-4-8141-2895-2